Wiebke Friese

# Die Kunst vom Wahn- und Wahrsagen

## Orakelheiligtümer in der antiken Welt

Wiebke Friese

# Die Kunst vom Wahn- und Wahrsagen

## Orakelheiligtümer in der antiken Welt

*Bibliografische Information der Deutschen Nationalbibliothek*
Die Deutsche Nationalbibliothek verzeichnet diese Publikation in der Deutschen Nationalbibliografie; detaillierte bibliografische Daten sind im Internet über <*http://dnb.d-nb.de*> abrufbar.


ISBN: 978-3-8053-4597-2

*Lektorat:* Dr. Birgit Wüller, Stuttgart
*Gestaltung und Satz:* Vollnhals Fotosatz, Neustadt a. d. Donau
*Umschlaggestaltung:* Katja Holst, Frankfurt am Main
*Umschlagabbildung:* Themis und Aigeus. Attisch rotfigurige Kylix, nach: Eduard Gerhard, Das Orakel der Themis. Programm zum Winckelmannsfeste der Archäologischen Gesellschaft zu Berlin, 6, 1846. Plan des Apollonheiligtum in Delphi, nach: Pierre de La Coste-Messelière, Au Musée de Delphes. Recherches sur quelques monuments archaiques et leur décor sculpté, 1936.
*Druck:* Beltz Druckpartner GmbH & Co. KG, Hemsbach



Printed on fade resistant and archival quality paper (PH 7 neutral) · tcf

Weitere Publikationen aus unserem Programm finden Sie unter: *www.zabern.de*

Lizenzausgabe für die WBG (Wissenschaftliche Buchgesellschaft), Darmstadt
ISBN 978-3-534-26180-2

*Umschlaggestaltung:* Peter Lohse, Heppenheim
*Umschlagabbildung*: Didyma, Apollotempel / Medusenhaupt


www.wbg-wissenverbindet.de

Elektronisch sind folgende Ausgaben erhältlich:
eBook (PDF): 978-3-8053-4641-2 (Buchhandel)
eBook (epub): 978-3-8053-4642-9 (Buchhandel)
eBook (PDF): 978-3-534-26182-6 (für Mitglieder der WBG)
eBook (epub): 978-3-534-26183-3 (für Mitglieder der WBG)

# Inhalt

Einleitung . . . 7

Oneiromantik, Omina und Opferschau
Orakel im Vorderen Orient, in Palästina und in Ägypten . . . 9

**Griechische Orakel** . . . 20

Der Ruf des Phoebus
Das Orakel von Delphi und die Weissagungen der Pythia . . . 20

Heilige Wasser
Die prophetischen Apollonorakel von Ptoion, Didyma und Klaros . . . 34

Der Baum der Weisheit
Das Zeusorakel von Dodona . . . 50

Dem Tod ins Auge sehen
Totenorakel und *plutonia* in Griechenland und Kleinasien . . . 54

Im Schlaf geheilt
Traumorakel des Asklepios und des Amphiaraios von Oropos . . . 63

Alltagstauglich
Von Losen, Würfel- und Buchstabenorakeln . . . 79

**Römische Orakel** . . . 87

Etrusca disciplina
Etruskische Haruspices und römische Auguren . . . 87

„Das Wissen von den Zukünftigen Ereignissen“
Ciceros *de divinatione* . . . 103

Von Fälschern und falschen Propheten
Lukian und das Glykonorakel von Abonuteichos . . . . . . . . . . . . . . . 107

Vom Wahnsinn getrieben
Sibyllinische Orakel in der Antike und im frühen Christentum . . . . 116

Das Ende der Weisheit?
Der Untergang der Orakel in der christlichen Spätantike . . . . . . . . . 127

Pagane Riten in neuem Gewand?
Christliche Orakel in der Spätantike . . . . . . . . . . . . . . . . . . . . . . . 137

Epilog . . . . . . . . . . . . . . . . . . . . . . . . . . . . . . . . . . . . . . . . . . 146

Bibliographie . . . . . . . . . . . . . . . . . . . . . . . . . . . . . . . . . . . . . 147

Abbildungsnachweis . . . . . . . . . . . . . . . . . . . . . . . . . . . . . . . . . 150

# Einleitung

*„(Manche sagen die Zukunft voraus), nachdem sie (ein bestimmtes) Wasser getrunken, wie der Priester des klarischen Apollo in Kolophon, andere, indem sie bei (bestimmten) Schlünden sitzen wie die, die in Delphi weissagen, und endlich noch andere, indem sie aus (bestimmten) Wassern die Dünste, (die ihnen entsteigen) einatmen wie die Orakelpriesterinnen bei den Branchiden (in Didyma)" (Iambl. de myst. 3,2).*

Die Vielfalt antiker Orakelmethoden war scheinbar unendlich und variierte vom einfachen Losorakel, dem Nicken einer Statue, der Reflektion eines Spiegels im Wasser einer heiligen Quelle über die Interpretation bestimmter Naturphänomene wie dem Rauschen der Eiche in Dodona, dem Flug der Vögel, der Bewegung der Fische bis hin zu Horoskopen, Feuer-, Traum-, Totenorakeln und direkter göttlicher Inspiration. Jedem übernatürlichen Wesen – ja der Natur selbst – wurde auch eine gewisse Orakelfähigkeit zugesprochen. Die rein verbale Antwort auf eine an ein übernatürliches Wesen gestellte Frage bezeichnete man in der Antike wie in der heutigen Forschung allgemein als Divination. Dagegen leitet sich der heutige Begriff Orakel von dem lateinischen Wort *oraculum* (Sprechstätte) ab. Im antiken Griechenland nannte man den Orakelspruch *chresmos*, den Ort der Weissagung aber *chresterion* oder *manteion*. Nach dem aktuellen Forschungstand bezeichnen Orakel schließlich „Weissagungen, die an bestimmten Orten nach einem festgelegten Ritus und zu festgelegten Zeiten, an denen die Gottheit als anwesend gedacht war, erteilt wurden" (Rosenberger 2001, 7). Der Begriff Orakel bezeichnet demnach nicht nur das Ritual oder den Orakelspruch allein, sondern ist immer auch in einem räumlichen Gesamtzusammenhang zu sehen, denn weit mehr als heute waren Orakel auch in der Topographie und Architektur der antiken Welt allgegenwärtig. Zwar gab es schon seit frühester Zeit in der gesamten antiken Welt wandernde Seher und Scharlatane, die den Menschen – in der Regel gegen gute Bezahlung – auf jedem beliebigen Marktplatz die Zukunft weissagten, doch entwickelte sich besonders in der griechischen Kultur in den Wirren der so genannten *Dark Ages* ein Phänomen, das für die nächsten 1000 Jahre nicht nur das Schicksal des Einzelnen, sondern ganzer Staaten und Königreiche bestimmten sollte – das griechische Orakelheiligtum. Kult und Ritual waren an diesen Orten eng miteinander verbunden. Nur bestimmte Götter, allen voran Apollon, waren in der Lage, in die Zukunft zu sehen und sich den Menschen zu offenbaren. Die „göttliche Absolution" jedoch war es, die das Gewicht eines Orakelspruches ausmachte. Orakel waren auf diese Weise nicht nur normstiftend für die antike Gesellschaft, sondern besaßen vor allem legitimatorische Qualität. Da hier alle wichtigen politischen wie privaten Fragen beantwortet wurden, waren Orakelheiligtümer in der gesamten Antike Zentren moralischer Gesellschaftsbildung. Eine entsprechend angepasste Architektur bildete hierfür den notwendigen und würdigen Rahmen und bediente dabei nicht nur ästhetische, sondern vor allem kultische und praktische Anforderungen.

# Oneiromantik, Omina und Opferschau
## Orakel im Vorderen Orient, in Palästina und in Ägypten

Schon lange bevor in Griechenland die ersten Tempel errichtet wurden, erlebten die Kulturen Ägyptens, des Zweistromlandes und Anatoliens ihre kulturelle Blütezeit. Die frühesten Hinweise auf eine organisierte Religion – Namenslisten auf Tontafeln aus der Stadt Uruk im Gebiet des heutigen Südirak – sind in die Jahre 3300 bis 3100 v. Chr. zu datieren und gehören zu den ersten schriftlichen Hinterlassenschaften überhaupt. Nur wenig jünger sind die aus dem nördlich gelegenen Babylon stammenden Sammlungen verschiedener im Namen des Priesterkönigs durchgeführter Orakel.

### Mesopotamien

Eine altmesopotamische Schaffungslegende besagte, dass die Götter die Welt nicht nur entworfen, sondern auch deren Schicksal bis zum Ende ihrer Tage vorbestimmt hatten. Wie dieses Schicksal aussah und wie es vorherzusagen war, blieb dabei zunächst das Geheimnis der Götter. Shamash (der Gott der Justiz) und Adad (der Wettergott) jedoch verrieten es an Enmeduranke, den Herrscher der Stadt Sippar. Von da an wurde diese Wissenschaft unter den Menschen, aber immer nur an ausgewählte Gelehrte weitergegeben.

Die wichtigste mesopotamische und bereits in der zweiten Hälfte des 3. Jts. v. Chr. weit verbreitete Orakelform war die Omenschau. In einer für die meisten zeitgenössischen Menschen nur schwer fassbaren und daher oft feindlichen Welt konnte alles ein Zeichen der Götter sein – angefangen bei außergewöhnlichen Naturereignissen, wie Überschwemmungen, Gewittern oder Missgeburten, bis hin zu ganz alltäglichen Ereignissen, wie der Flug eines Vogels, das Verhalten der eigenen Herde oder die Physiognomie eines Nachbarn. Fast eben so wichtig wie das Omen selbst war der Kontext, in dem es auftrat. Das Sichtfeld des Betrachters wurde dabei in bestimmte Zonen aufgeteilt (links/rechts, davor/dahinter, oben/unten), die alle eine unterschiedliche Bedeutung hatten. Im Laufe der Zeit entstand daraus ein kompliziertes System von Omina, das bald nur noch Fachleuten zugänglich war. Bereits seit der Mitte des 2. Jts. v. Chr. wurden die Interpretationen daher schriftlich fixiert. Grundlage für die Deutung der Omina bildeten nun Listen mit kausalen Zusammenhängen, wie etwa „wenn eine Frau ein taubes Kind gebärt – wird das Haus außerhalb der Stadt florieren" oder „wenn eine Wüstenblume innerhalb einer Stadt erblüht – wird diese untergehen". Verantwortlich für die Auslegung dieser Zeichen und Zusammenhänge waren die so genannten *baru.* Sie waren keine „Seher", sondern

Zeichendeuter und gehörten keiner bestimmten Priesterschaft an. Vielmehr waren sie direkt am Hofe oder aber im militärischen Dienste angestellt und arbeiteten in der Regel allein. Zu ihren Aufgaben gehörte seit dem 2. Jts. v. Chr. auch die so genannte Opferschau. Bei einem solchen Ritual bat der *baru* den Gott seine Antwort auf die Eingeweide, vor allem auf die Leber des geopferten Tieres zu schreiben. Um diese Zeichen zu entziffern, bediente er sich eines Tonmodells, wie es, eng beschrieben mit babylonischer Keilschrift, in verschiedenen Ausgrabungen gefunden wurde (Abb. 1).

Eher selten hören wir in der mesopotamischen Kultur dagegen von prophetischen Orakeln. Einige wenige frühe Dokumente stammen aus Mari (um 1780 v. Chr.). Eines beschreibt eine Frau, die sich inmitten eines Ältestenrates auf den Boden warf und in einem tranceähnlichen Zustand von Zuckungen des Körpers begleitet eine Botschaft der Götter mitteilte. Der Gott traf die Wahl seines Sprachrohres selbst. Dies konnte männlich, weiblich, alt oder jung sein, stammte aber fast immer aus einer der unteren Schichten und unterschied sich von der restlichen Bevölkerung höchstens durch eine gewisse spirituelle Neigung. Der Gott sprach zu diesem *apilu* oder *ma/uhhu* genannten Medium im Traum oder in einer Vision – seltener in einem oft als krankhaft bezeichneten Zustand der Besessenheit. In der Regel bedurfte die Botschaft dabei keiner Interpretation. Man konnte jedoch professionelle Deuter zu Rate ziehen.

## Anatolien

Im Gegensatz zu den Babyloniern glaubten die Hethiter nicht daran, dass die Zukunft festgeschrieben war, sondern durch geschicktes Vermeiden und Vorbeugen von ihnen selbst gelenkt werden konnte. Weil jedoch allein die Götter in die Zukunft blicken konnten, war es wichtig, mit diesen in Kontakt zu treten und ihren Willen zu erkunden. So waren bereits seit dem 13. Jh. v. Chr. verschiedene mit dem Oberbegriff *ariya-* (orakeln) bezeichnete Weissagungstechniken bekannt. Wie schon früher im benachbarten Mesopotamien wurden die Fragen und Antworten schriftlich festgehalten und archiviert. Bei Ausgrabungen in der hethitischen Hauptstadt Hattusa, dem heutigen Bogazköy im anatolischen Hochland, wurden mehrere Tontafeln sowohl auf der Akropolis selbst als auch im so genannten Archiv des Großen Tempels in der Unterstadt gefunden. Doch scheinen auch weniger bedeutende Provinzstädte eigene Archive mit Orakeltexten besessen zu haben.

Ein Großteil dieser Texte befasst sich mit der Zeichendeutung verschiedener Naturphänomene, wie Erdbeben, dem Lauf der Gestirne oder dem Verhalten bestimmter Tiere. Das so genannte KIN-Orakel (Symbolorakel)

*Abb. 1: Babylonische Bronzeleber aus Ton. 14.6 cm. Ca. 1900–1600 v. Chr. Vermutlich aus Sippar, Südirak. British Museum, London, Western Asia Collection.*

etwa wurde von einer Priesterin (*salsugi* – „der Alten") durchgeführt, die ein Tier (aktives Symbol) in einen Raum mit verschiedenen Gegenständen (passive Symbole) führte und dessen Verhalten gegenüber diesen deutete. Beim SASTA-Orakel (Bettorakel) beobachtete ein Priester das Verhalten eines Schafes auf dem Weg zum Opferaltar. Eher ungewöhnlich ist das hethitische Schlangenorakel. Dabei wurde einer Wasserschlange in einem Becken ein mit der Frage verschlüsselter Name gegeben. Lautete die Frage z. B. „Wird den König eine Kopfkrankheit befallen?", nannte man die Schlange „Schlange des königlichen Kopfes". Der Priester beobachtete nun, wie und wohin die Schlange schwamm, und interpretierte daraus die Antwort auf die Frage. Indem man verschiedene Schlangen schwimmen ließ, konnten mehrere Fragen gleichzeitig beantwortet werden.

Die Fragen wurden in der Regel direkt an den Gott gestellt, mussten aber so formuliert sein, dass sie mit Ja oder Nein zu beantworten waren. War etwa der Grund für eine Krankheit, der Zorn eines bestimmten Gottes, wurde jeder einzelne Gott angerufen, um ihn zu fragen, ob und wenn ja warum er ungnädig sei. Mit Hilfe dieses Ja/Nein-Prinzips konnte diese Befragung eine sehr lange Zeit in Anspruch nehmen.

## Palästina

Schon aufgrund der geographischen Nähe waren die frühen Israeliten mit den Divinationsmethoden der Babylonier und Assyrer nachweislich vertraut. Im monotheistischen Jawehglauben war offiziell jedoch nur das Losorakel erlaubt. Es wurde von Priestern innerhalb des Heiligtums durchgeführt. Die Lose (*urim* und *tumimm*), die der Hohepriester hierfür benutzte, trug er in einem Beutel um den Hals. Der Fragesteller richtete die Frage an Jaweh, der dem Priester die Hand führte. Je nachdem, welches Los er aus dem Beutel zog, lautete die Antwort ja *(tumimm)* oder nein *(urim)*.

Weit seltener, wenn auch heute weitaus bekannter, waren dagegen die Weissagungen der alttestamentarischen Propheten. Im hebräischen bezeichnet das Wort *nabi* (der Gerufene) dabei eine Person, die mit Jaweh in direkten Kontakt treten konnte. Bereits seit dem 5. Jh. v. Chr. wurde das Wort im Griechischen mit *prophetes* übersetzt. Diese Männer galten allesamt als gottesfürchtig. Dabei waren sie aber nicht unbedingt im Dienste eines Tempels oder Herrschers angestellt. Zwischen ihren Prophezeiungen konnten sie über einen langen Zeitraum einer ganz alltäglichen Arbeit nachgehen. So war Amos etwa ein Schafhirte und Feigenbaumzüchter (Amos 1,1,7,14). Über das Ritual selbst verrät das Alte Testament nur wenig. Der Prophet Samuel spricht davon, von Jaweh „gerufen" oder „eingenommen" worden zu sein (Sam. 3). Der Seher Balaam richtete seinen Blick „in die Weite der Wüste", bevor er die Worte Gottes hörte. In anderen Beschreibungen wird von einer Art Vision (Isa. 6) oder einem Zwiegespräch zwischen Gott und Medium (Jer. 1.4–10) berichtet. Die Intention der Botschaft ging somit immer von Jaweh aus und konnte nicht vom Menschen initiiert bzw. beeinflusst werden. Ob sich der Prophet dabei aber in einem Zustand religiöser Ekstase befand oder ob er die göttliche Botschaft im Traum erhielt, ist umstritten. „Sich wie ein Prophet zu verhalten" bedeutete im hebräischen Sprachgebrauch allerdings das Gleiche wie „verrückt" oder „in Ekstase" zu sein (2. Buch Könige 9,11).

## Ägypten

Als Pharao Menkaure, der Erbauer der dritten Pyramide in Gizeh, in der Hoffnung auf eine lange Regierungszeit das Orakel von Buto befragt haben soll, erhielt er von der Göttin die Antwort, dass er nur noch sechs Jahre zu regieren hätte, im 7. Jahr aber würde er sterben (Hdt. 2,129–134). Und obwohl der Herrscher sich mit allen Mitteln bemühte, seinem Schicksal zu entrinnen, geschah es so, wie die Göttin vorausgesagt hatte – er starb im 7. Jahr nach der Verkündigung des Orakelspruches.

Diese von Herodot niedergeschriebene Begebenheit soll angeblich um das Jahr 2500 v. Chr. stattgefunden haben. Das altägyptische Orakelwesen entwickelte sich nachweislich aber erst im Neuen Reich (ab ca. 1550 v. Chr.), wobei die fast ausschließlich epigraphischen Quellen weitgehend in die ramesidische Zeit (1307–1070 v. Chr.) verweisen. Wichtigster Orakelgott Ägyptens war der Widdergott Amun. Zentrum seines Kultes und damit auch der Orakelbefragung war sein Heiligtum am Westufer des Nils in Theben. Von hier aus wurde der Kult im Laufe des 1. Jts. v. Chr. im gesamten Reich verbreitet. Neben Amun waren auch andere Götter in der Lage Orakel zu verkünden. Zu ihnen gehören Horus-khau in El-Hiba, Ptah in Memphis, Sutekh in Dakhla oder Ahmose in Abydos. Je nach Charakter und Funktion eines Gottes konnte die Thematik der Orakel variieren. Amunorakel betrafen vor allem justizielle Entscheidungen. Im offiziellen Bereich konnte dies die Besetzung einer vakanten Priesterstelle sein. Im sozial niederen Bereich ging es dabei vor allem um Eigentumsfragen, Strafmaße bei niederen Delikten oder das Festsetzen von Warenwerten. Das Orakel fungierte in diesem Kontext als endgültiges Gottesurteil, seine Entscheide wurden allgemein anerkannt und schriftlich festgehalten. Spätestens im Neuen Reich wurde das Orakel im Gottesstaat des Amun damit zu einem einflussreichen politischen Instrument.

Ganz andere Themen beschäftigten die Orakelstätten der Götter Mont, Mut oder Isis. So garantiert ein Orakel des falkengestaltigen Kriegsgottes Mont dem Bittsteller den Schutz vor verschiedenen exakt aufgelisteten Krankheiten. Frauen mit Kinderwunsch wandten sich schon in der Regierungszeit Ramses' II. an die Göttinnen Mut oder Isis. Beim Volk besonders beliebt waren zudem die nach ihrem Tode in der 18. Dynastie vergöttlichten Freunde, der Pharao Amenhotep I. und sein Architekt Imhotep. Schon zu Lebzeiten standen sie im Rufe, weise zu sein, die kosmologische Ordnung zu gestalten und für das Wohl ihrer Untergebenen zu sorgen. Als erster König ließ sich Amenhotep ein Grab im Tal der Könige erbauen und legte damit den Grundstein für die dortige „Grabindustrie". Imhotep wurde als sein Freund und Architekt mit dem Bau desselben beauftragt. Beide wurden besonders bei Themen angesprochen, die das unmittelbare Leben eines Individuums ansprachen: Schutz vor Krankheit, vor Kinderlosigkeit und materieller Not. Ihre einstige menschliche Existenz rückte sie dabei nicht nur spirituell, sondern auch räumlich näher an die Menschen und deren Probleme heran. So war ihre Verehrung nicht allein auf ihre Tempel beschränkt, sondern formulierte sich auch an Hausaltären oder im spontanen Gebet. Das Grab und damit der Haupttempel des Imhotep, von dem heute keine Architektur mehr erhalten ist, lag in Memphis. Erste epigraphische Hinweise finden sich im Neuen Reich und in der Spätzeit.

Wie aber befragte man einen Gott im Alten Ägypten? Ikonographische wie epigraphische Quellen weisen – je nach sozialem Status des Orakelklienten – auf zwei Hauptpraktiken hin: das prophetische Königs- und das Prozessionsorakel.

Prophetische oder Königsorakel, wie Herodot sie im oben genannten Beispiel beschreibt, waren im Alten Ägypten nur den Pharaonen vorbehalten. Bereits Königin Hatshepsut (1473–1458 v. Chr.) holte sich Rat beim Großen Thron des Amun, bevor sie auf eine Expedition nach Punt aufbrach. Thutmosis IV. (1411–1397 v. Chr.) befragte Amun in seinem Tempel nach dem Ausgang einer Schlacht gegen die aufständigen Nubier, woraufhin der Gott ihm „wie ein Vater zu seinem Sohne" geantwortet haben soll. Umstritten ist, wie genau sich der Gott den Herrschern mitteilte. Glaubte man früher, dass etwa die Befragung durch die Königin Hatshepsut mit einer direkten Antwort des Gottes, also durch eine wie auch immer hervorgerufene göttliche Stimme, beantwortet wurde, interpretiert man heute die Textstellen dahingehend, dass Hatshepsut die Antwort in schriftlicher Form durch die Hand der Priester „vor dem Thron", aber nicht „vom Thron" selbst erhielt. In diesem Falle hatten die Priester genügend Zeit eine passende Antwort vorzubereiten.

Das wohl bekannteste Königsorakel Ägyptens aber wurde lange nach der Zeit der Pharaonen einem der berühmtesten Eroberer der Antike verkündet – Alexander dem Großen. Dies liegt nicht zuletzt daran, dass der im Eroberungszug des Herrschers mitreisende Historiker Kallisthenes von Olynth dieses Ereignis ausführlich dokumentierte. Nachdem Alexander Ägypten eingenommen hatte, versuchte er seine Herrscherfunktion auch mythologisch zu festigen. Wie schon oft auf seinem jahrelangen erfolgreichen Feldzug praktiziert, opferte er zunächst in den wichtigsten Heiligtümern des Landes, wie etwa im Apistempel von Memphis. Im Anschluss folgte er dem Ruf des Amun und zog mit seinem Heer mehrere Tage durch die Wüste bis in die Oase von Siwa. Hier besaß der Gott ein berühmtes Orakelheiligtum, in dem er für die Pharaonen allein Antworten gegeben haben soll, die „wie die Hörner des Amun gewundenen" waren (Servius, Vergilkommentar IV,196).

Von seinem Kommen informiert, empfingen die Priester des Tempels Alexander wie einen Pharao. Während sein Gefolge außerhalb des auf dem Hügel Aghurmi gelegenen Tempels wartete, betrat dieser allein das Allerheiligste, wo er der Statue des Gottes seine Fragen stellte, die er niemanden zuvor verraten hatte. Diodor zufolge fragte der Oberpriester ihn im Anschluss, ob er als Sohn des Amun – und damit als rechtmäßiger Herrscher über Ägypten – gekommen sei. Alexander bejahte dies und fragte ihn, ob sein Vater (Amun) ihm die Herrschaft über die Welt genehmige. Der Priester antwortete, dass Amun ihm den Wunsch mit absoluter Gewissheit gewährte. Als Alexander schließlich den Tempel verließ, sagte er zu seinen Begleitern, dass er genau das gehört habe, was er habe hören wollen. Wie aber konnte der Oberpriester gewusst haben, was Alexander den Gott gefragt hatte?

Ausgrabungen des Deutschen Archäologischen Instituts, die von 1994 bis 2009 in der Oase durchgeführt wurden, fanden eine Antwort auf diese Frage. Ein von der Rückseite des Hügels zu betretender Gang führte zunächst in einen schmalen Raum und von hier aus über eine Leiter in die flache Kammer über dem Allerheiligsten und der darin befindlichen Götterstatue. Diese scheint als Versteck genutzt worden zu sein, um die an den Gott gestellten Fragen zu belauschen (Abb. 2). In dem dahinterliegenden schmalen Raum könnte die Antwort Amuns im Anschluss an die Frage Alexanders formuliert und niedergeschrieben worden sein. Auf diese Weise hätte der Oberpriester dem Herrscher die Antwort umgehend nach dem Verlassen des Kultraumes präsentieren können.

Aber auch das Gefolge Alexanders konnte sich bei Amun Rat holen, denn um die vielen Fragen aus dem Volke zu beantworten, bedienten sich die siwischen Priester wie an vielen anderen Kultstätten Ägyptens des so genannten Prozessionsorakels. „Das Götterbild ist mit Smaragden und anderen Edelsteinen geschmückt … Es wird auf einem goldenen Boot durch 80 Priester herumgetragen, und diese schreiten willenlos, wohin auch immer der Wink des Gottes den Zug lenkt. Es folgen eine Menge Mädchen und Frauen, die während des ganzen Weges feierliche Gesänge vortragen …“ (Diod. 17,50–51). So beschreibt Diodor im 1. Jh. v. Chr. die Prozession der Amunstatue vor dem Heiligtum von Siwa. Bereits viel früher berichtet eine Stele im Amuntempel von Karnak über dieses Ritual, dass Thutmosis III. (1490–1436 v. Chr.) durch den Gott Amun zum König gewählt wurde, indem die Statue während einer Prozession durch die nördliche Hypostylenhalle vor dem jungen Prinzen anhielt und ihm durch Nicken bedeutete, ihr in den Tempel zu folgen, wo er schließlich zum Herrscher ausgerufen werden sollte. Da das gemeine Volk Ägyptens das Innere eines Tempels nicht betreten durfte, wurde die Statue des Gottes an besonderen Festtagen in ihrem Schrein auf eine Barke gestellt und in einer Prozession durch die Stadt getragen. Als Inkarnation des Gottes war das Götterbild dabei immer noch so heilig, dass es in der Regel durch einen Vorhang vor den Blicken der Gläubigen abgeschirmt wurde. Je nach Bedeutung des Gottes variierte der Umfang der Prozession. Priester, an besonderen Festtagen auch Tänzerinnen und Musikanten, begleiteten die Barke. In festgelegten Routen zog die Prozession zunächst durch das Heiligtum und dann weiter durch die Stadt. Auf seinem Weg hielt der Zug an bestimmten Punkten innerhalb und außerhalb des Heiligtums an, um bestimmte Opfer und Gebete entgegenzunehmen, anderen Göttern ihre Reverenz zu erweisen und vermutlich auch um die Fragen der Orakelsuchenden zu beantworten.

Hatte die Barke den Tempel verlassen, durfte der Ratsuchende nun vor den Gott treten. Im Amunheiligtum von Karnak vollzog sich die Befragung vermutlich an den so genannten Standorten des Herrn – rituell vorgeschriebene Wegstationen während der Prozession. Seine Frage stellte man entweder in einer mit ja oder nein beantwortbaren Form oder aber indem man der Götterstatue eine Liste mit Möglichkeiten vorlas. Der Gott gab seine Antwort, indem er die Barkenträger veranlasste, bei einer positiven Antwort die Barke nach vorne zu neigen bzw. sich bei einem „Nein" zurückzubewegen. Neben mündlichen Fragen wurden dem Gott auch schriftliche vorgelegt, wobei die Frage in zweifacher Ausfertigung, mit einer negativen und einer positiven Variante auf Kalksteinplättchen, den so genannten Ostraka, formuliert wurde. Mehr als 100 dieser Plättchen wurden etwa in der ägyptischen Arbeitersiedlung Deir-el-Medina gefunden. Die Statue des Gottes nickte dann entweder in Richtung der einen oder anderen Antwort.

Während die Quellenlage für die beiden Methoden des Prozessions- und Königsorakel im altägyptischen Reich klar definiert ist, ist die Präsenz anderer Techniken in der Frühzeit Ägyptens stark umstritten. Mehrere Sarkophaginschriften der mittleren Königszeit aus Saqquara und Gebelein beschreiben z. B. detailliert den Vorgang, die eigene Seele im Traum auszusenden, um eine bestimmte Information aus der Unterwelt einzuholen. Der Ratsuchende hatte hierfür vor einer Tonstatuette zu beten, auf welcher der Name desjenigen eingraviert war, den man im Jenseits zu fragen gedachte. Ähnliches beschreibt eine Stele, die sich heute im Louvre befindet: „Spreche diese Worte über einem liegenden Schakal aus reinem Ton, dessen Vorderseite in Milch getränkt wurde ... schreibe dein Anliegen auf ein Papyrus und stecke es in den Mund der Statuette und lege sie auf eine Kupferlampe. Wiederhole, was du aufgeschrieben in der Nacht, nachdem du mit dem Fuß auf die Erde gestampft hast" (Louvre E 3229 5.9–14). Mit den offiziellen Orakeln des Amun hatten diese eher im Bereich der Magie anzusiedelnden Rituale jedoch nichts gemeinsam. Nicht zuletzt wegen ihrer justiziellen Funktion hatten die meisten altägyptischen Orakel keinen Raum für mystische oder interpretierbare Orakelantworten.

Dies änderte sich jedoch seit saitischer Zeit (664–525 v. Chr.), als sich durch den immer stärker werdenden Einfluss der Kulturen des nördlich gelegenen Mittelmeerraumes die Bandbreite der Orakelgötter und -techniken beträchtlich erweiterte. Herodot spricht nach seinem Besuch um 450 v. Chr. in Ägypten von Amun nur noch als von einen Orakelgott unter vielen (Hdt. 2.83,133,152,155,174). Dies bedeutete zwar nicht, dass die

*Abb. 2: Tempel des Amun. Oase Siwa. Frontansicht.*

traditionellen altägyptischen Orakelformen in Vergessenheit gerieten. Besonders in den großen Orakelzentren Ägyptens, wie Theben oder Siwa, scheint das Barkenorakel immer noch präsent gewesen zu sein. Doch gerade im Bereich der nicht offiziellen Orakel gab es nun weit mehr Bedarf als früher. Spätestens seit dem 5. Jh. v. Chr. traten als Vertreter dieser neuen Glaubenshaltung besonders heilige Tiere als Orakelgeber hervor. Diese galten bereits im Alten Reich als Mittler zwischen Gott und Menschen. Neben den eher regionalen Orakeltieren wie dem Ibis aus Kasr El-Auguz, dem Widder von Médamoud oder dem Lamm von Bocchoris war das wichtigste vergöttlichte Tier der Apisstier. Dieser lebte in seinem Heiligtum bei Memphis, bis er eines natürlichen Todes starb und innerhalb von 70 Tagen einbalsamiert und in den Katakomben des Sarapisheiligtums von Saqqara bestattet wurde. Zu Lebzeiten des Tieres befragte man ihn, indem ein Priester das Verhalten des heiligen Stieres beobachtete. Entweder entschied das Tier durch die Wahl eines bestimmten Stalles oder aber durch das Annehmen oder Ablehnen des ihm gegebenen Futters. Daneben war es auch üblich, am Grab des verstorbenen Vorgängerstieres zu nächtigen und auf ein Traumorakel zu hoffen (Inkubation). In Saqquara schliefen die Klienten vermutlich in dem von Bäumen beschatteten Hof des Heiligtums, nachdem sie die Frage schriftlich in einer Kapelle neben dem Eingang zu den Katakomben niedergelegt hatten.

Beim Tempelschlaf war es vor allem wichtig, den Göttern oder zumindest ihren Statuen so nahe wie möglich zu sein. Da aber ein normaler Ägypter auch in hellenistischer Zeit den Tempel der alten Götter immer noch nicht betreten durfte, legte man sich zum Schlafen kurzerhand an die Rückwand des hintersten Tempelraumes, denn hinter dieser befand sich in der Regel die Kultstatue des Gottes. Im Laufe der Zeit wurden an diesen Wänden so genannte Gegenkapellen errichtet. Dies waren meistens kioskartige Anbauten mit Reliefs der im Inneren aufbewahrten Götter. In dieser Form finden sie sich z. B. bei fast allen Haupttempeln in Karnak. Wie noch heute an den Wänden mancher katholischer oder griechisch-orthodoxer Kirchen konnten die Ratsuchenden hier ihre Fragen, Sorgen und Wünsche in den Stein ritzen oder auf Blechtäfelchen geschrieben anbringen. Typisch für diesen Orakeltyp war außerdem eine Öffnung in der Mauer, die zwar in der Regel zu hoch war, um ins Heiligtum blicken zu können, aber zumindest den Anschein verlieh, der Gott könne das zu ihm Gesagte auch tatsächlich erhören. Beispiele für eine solche Verbindung finden sich im Sarapistempel von Shenhur am Ostufer des Nils ebenso wie im Sarapistempel der Oase Kysis.

Wie in Griechenland galt der Tempelschlaf häufig der Heilung von Krankheiten. Spätestens seit hellenistischer Zeit entstanden in ägyptischen Heiligtümern, allen voran dem Hathortempel von Dendera, eigens errichtete so genannte Sanatorien, in denen die Kranken wie in den griechischen Asklepiosheiligtümern nicht nur schliefen, sondern auch heilendes Wasser tranken und von medizinisch geschulten Priestern behandelt wurden. Vor allem Sarapis wurde als bedeutender Heil- und Orakelgott verehrt. Zunächst hervorgegangen aus einer Verschmelzung der ägyptischen Götter Osiris und Apis übernahm er bald die Eigenschaften von vielen griechischen Göttern, allen voran von Zeus und dem Heilgott Asklepios. Ptolemaios I. (367–283 v. Chr.) ließ auf einen Traumbefehl hin die Statue des Pluto aus Sinope nach Alexandria bringen, wo er als neuer Gott Sarapis wirken sollte (Tac. hist. 4,83). Seine bedeutendsten Heiligtümer lagen in Memphis, Alexandria und in Kanopos im Nildelta. Mit seinen malerischen Gärten und Kanälen war Letzteres zugleich auch ein beliebtes Ausflugsziel alexandrinischer Lustreisender.

Neu an diesem hellenisierten Gott war, dass nicht nur seine weitläufigen Tempelanlagen, sondern auch das Allerheiligste von einem Gläubigen betreten, ja sogar die Statue selbst berührt werden durfte. So galt es als glückbringend, am Ende einer Pilgerreise ins Sarapisheiligtum von Alexandria den Fuß der riesenhaften Götterstatue zu berühren. Und nicht nur das – sie soll besonders wichtigen Bittstellern sogar aus ihrem eigenen Mund geantwortet haben. Glaubt man den bissigen Stimmen der frühchristlichen Kirchenväter, war dies natürlich alles nur Betrug. Der alexandrinische Bischof Theophilus berichtet etwa, dass sich die Priester in der ausgehöhlten Statue versteckten, um durch deren geöffneten Mund die Fragenden zu täuschen (Theod. hist. eccl. 5.23). Archäologisch lässt sich dieser Betrug nur selten belegen. Eine mit einer sprechenden Apisstatue in Verbindung gebrachte Apparatur wurde etwa in Kom el-Wist gefunden. Neben und hinter einer Kultkapelle wurde eine Statuenbasis mit vier Standlöchern gefunden, die in Verbindung mit einem engen Metallrohr stand. Hinter der Apsis versteckt könnte ein Priester mit Hilfe des Rohres eine vierbeinige Statue auf dem Sockel „zum Sprechen gebracht“ haben. Möglich ist natürlich auch, dass sich die Priester, wie im Amunorakel von Siwa, in kleinen Kammern neben, über oder im Allerheiligsten selbst versteckten und von da aus die Stimme des Gottes imitierten. Dennoch scheint diese Methode eher eine Ausnahme von der üblichen Praxis des Tempelschlafes gewesen zu sein.

# Griechische Orakel

Im 2. Jt. v. Chr., zu einer Zeit also, als viele Menschen im Zweistromland und in Ägypten bereits in großen Städte lebten, ihren Göttern und Herrschern riesige Tempel und Paläste errichteten und der Kult wie auch das Orakelwesen bereits eng an das Staatswesen gekoppelt waren, herrschte in Griechenland eine kriegerische aristokratisch organisierte Kultur – die Mykener. Dank ihrer waffentechnischen Überlegenheit war es ihnen gelungen, die eingesessene Bevölkerung Griechenlands zu unterjochen und als Leibeigene zu verdingen. Durch Fernhandel, aber auch Piraterie und Sklavenhandel kamen sie bald zu unübersehbarem Reichtum, den sie in stark befestigten Palastanlagen zum Ausdruck brachten. Ihre Architektur wie ihre gesamte Kultur scheint stark von den kretischen Minoern, aber auch den Ägyptern beeinflusst zu sein. Dennoch – ob es bereits zu mykenischer Zeit eine Orakelkultur in Griechenland gegeben hat, ist umstritten. Zwar wurde im so genannten mykenischen Tempel II von Kition auf Zypern eine Bronzeleber mit Orakelinschriften aus dem 12. Jh. v. Chr. entdeckt. Ähnliche Beispiele stammen aus dem Haus eines Priesters auf der Akropolis von Ras Shamra, wo sie im Kontext mit ugaritischen Texten und mykenischen Rhyta aus dem 14/13. Jh. v. Chr. gefunden wurden. Beide Städte waren jedoch bedeutende mykenische Handelsniederlassungen im Ausland und auch wenn die Orakelgegenstände beweisen, dass die Mykener zumindest mit der östlichen Tradition der Eingeweideschau vertraut waren, können wir ohne weitere Funde vom griechischen Festland nicht davon ausgehen, dass die Mykener sie auch in ihrem Heimatland etabliert hatten. Dasselbe gilt für das vielgerühmte Orakel von Delphi. Zwar sind die frühesten Funde, die bei den Ausgrabungen ans Licht gebracht wurden, in mykenische Zeit zu datieren – bis man aber mit Sicherheit von einem florierenden Orakelkult an diesem Ort sprechen kann, sollten noch viele Jahrhunderte vergehen.

## Der Ruf des Phoebus

### Das Orakel von Delphi und die Weissagungen der Pythia

„Der Herr, dem das Orakel von Delphi gehört, sagt nicht und verbirgt nicht, er deutet an“ (Plut. 21,404b), erklärte der Apollonpriester und Schriftsteller Plutarch im Jahre 95 n. Chr. einem Freund bei einem Rundgang durch das delphische Heiligtum. Erst kurz zuvor war er über das Parnassgebirge aus dem etwa 45 km westlich gelegenen Charoneia angereist, wo er 50 Jahren zuvor geboren worden war und wo er immer noch mit seiner Frau und seinen zwei Söhnen lebte. Für die kommenden 30 Jahre sollte er nun als einer der beiden Hauptpriester seinen Dienst in einem der berühmtesten Orakel der Welt verrichten. Der Blick, der sich dem Schriftsteller dabei von seiner Wirkungsstätte, dem Tempel des Apollon, aus bot, war sicherlich nicht weniger beeindruckend als heute. Über mehrere Terrassen schmiegt sich das Heiligtum auf etwa 550 m Höhe an den steilen Hang über der Pleistosebene mit ihren weiten Olivenhainen und fruchtbaren Weiden (Abb. 3). In der Ferne sieht man auch heute noch den Hafen von Itea und dahinter die spiegelnde Weite des Golfs von Korinth. Wie aber können wir uns Plutarchs priesterliche Wirkungsstätte zu seiner Zeit vorstellen?

## Das Heiligtum

Obwohl die ersten Siedlungsspuren bereits aus mykenischer Zeit stammen, ist der Tempel des Apollon mit seiner „schön fließenden Quelle" erst in den homerischen Hymnen aus dem 7. Jh. v. Chr. erwähnt (Hom. h. 287). Ob der Kult damals bereits ein Orakel enthielt und wie es aussah, ist nicht bekannt. Bis in die römische Zeit lassen uns die schriftlichen Quellen hierüber weitgehend im Unklaren. Herodot stellte im 5. Jh. v. Chr. die Weissagungen der Pythia in ihrer Bedeutung zwar bereits über alle anderen griechischen Orakelheiligtümer (Hdt. 1,51), über das Aussehen des Heiligtums selbst aber berichtet er nur wenig (Hdt. 2,180 und 5,62). Euripides erwähnt kurze Zeit später immerhin einen heiligen Hain und die Kastaliaquelle sowie das Tempeladyton als Ort der Weissagung (Eur. Ion 144–149). Pindar schließlich überliefert einen recht phantastischen Mythos über die vier ersten Tempel Delphis, von denen der erste aus Lorbeerzweigen, der zweite von Vögeln und Bienen aus Wachs und Federn, der dritte von den Göttern aus Bronze und der vierte schließlich von Menschenhand aus Stein gearbeitet war (Pind. P 8,58). Aber erst in nachchristlicher Zeit erschließt sich mit den römischen Reiseschriftstellern Strabo und Pausanias ein heute rekonstruierbares Erscheinungsbild der delphischen Kultstätte (Strab. 8,6,14 und Paus. 10,5).

Ihre Beschreibungen waren es auch, die seit dem 15. Jh. immer wieder Abenteuerlustige aus aller Welt in die unwirtliche Gegend um den Parnass trieben. Doch was sie dort sahen, enttäuschte die meisten: Neben dem Stadion, der Kastaliaquelle und einigen zerstreuten Trümmern hatte sich von Delphis einstigem Glanz nichts erhalten. Die meisten der antiken Quadersteine waren in den Häusern des kleinen Dorfes Kastri (griech. Festung) verbaut, das sich über den Ruinen des Heiligtums erhob. In den Resten des Stadions weideten die Bewohner ihre Schafe. Nur die Mönche des kleinen

*Abb. 3: Delphi. Blick auf den Tempel.*

Klosters über dem ehemaligen Gymnasion wussten noch, was sich unter ihrem Dorf verbarg. Erst 1840 begannen französische und deutsche Archäologen das Gelände systematisch zu untersuchen. Und schnell wurden sich die Forscher der Ausmaße ihres Fundes bewusst. Um jedoch an das antike Delphi heranzukommen, musste man unter den Häusern des Dorfes graben. Was aber sollte dann mit den etwa 300 Familien geschehen, die über der Ausgrabungsstätte lebten? Erst 1892 – nach jahrelangen zähen

Verhandlungen – erreichte die französische Ausgrabungsbehörde École Française schließlich, dass die Bewohner in ein 2 km westlich errichtetes Dorf umgesiedelt wurden und Frankreich eine zehnjährige Grabungserlaubnis für Delphi übertragen wurde. Das französische Parlament stellte hierfür 500 000 Franc zur Verfügung – auch heute noch eine ansehnlich hohe Summe für eine archäologische Grabung. In den kommenden Jahren wurde Delphi zu einer der größten Ausgrabungsstätten der damaligen Zeit: Zwischen April und August 1895 arbeiteten ca. 200 Griechen, Italiener und Ottomanen zehn Stunden täglich auf über 2 ha Grabungsfläche. 75 von neun bis zehn Pferden gezogene Wagen liefen auf 4 km Schienen, um bis zu 400 cbm Schutt pro Tag abzutransportieren. Es gab eine Schmiedewerkstatt, eine Schreinerei und einen eigenen Mechaniker. Und dennoch war man Anfang des 20. Jhs. an vielen Stellen nicht einmal über die römische Schicht hinaus gekommen. Erst 1990 wurde das Innere des Apollontempels aufgrund neuer Untersuchungen rekonstruiert. Bis heute dauern die Grabungen und Restaurierungsarbeiten an – und fördern mit jeder Kampagne neue Erkenntnisse zutage.

„Es wird viel Verschiedenes über Delphi selbst erzählt und mehr noch über das Orakel des Apollon“ (Paus. 10,5,5), so beginnt Pausanias seine seitenlange Beschreibung Delphis, als er wenige Jahre nach Plutarch das Heiligtum besichtigt. Der Schriftsteller begann seinen Rundgang am Gymnasion, vorbei an der Kastaliaquelle, durch die Stadt Delphi bis zum heiligen Bezirk des Gottes, der „groß an Ausdehnung, zuoberst in der Stadt lag“ (Abb. 4). Bevor er durch das eher unscheinbare Tor in den heiligen Bezirk trat, musste er einen kleinen Platz mit Marktständen und fliegenden Händlern passieren. Hier gab es alles Mögliche und Unmögliche, was ein Pilger brauchen konnte: Weihgeschenke für den Gott, Souvenirs für zu Hause und Alltagsgegenstände für den täglichen Gebrauch. Doch auch innerhalb der Heiligtumsmauern herrschte alles andere als andächtige Zurückhaltung. Links und rechts der heiligen Straße, die sich zwischen den einzelnen Terrassen den Hang hinauf schlängelte, drängten sich bunt bemalte und aufwendig dekorierte *thesauroi* (Schatzhäuser), deren Beschreibung sich Pausanias eingehend widmet. Jede griechische *polis* (Stadstaat), die etwas auf sich hielt und die es sich leisten konnte, errichtete eines dieser tempelartigen Häuschen in Delphi. Das älteste der mehr als 30 ausgegrabenen Gebäude ist vermutlich das Schatzhaus des Kypselos aus der zweiten Hälfte des 7. Jhs. v. Chr. direkt unterhalb der Tempelterrasse. Besonders reich und prunkvoll ausgestattet waren die Schatzhäuser der Sikyonier (570 v. Chr./Nr. 121) und der Siphnier (525 v. Chr./Nr. 122). Wie wichtig den Stiftern dabei allein der äußere Schein war, zeigt die Tatsache, dass die aufwendige Dekoration in der Regel allein auf die zur Straße gerichtete Fassade beschränkt war. Die Seitenwände und auch das Innere der Häuser

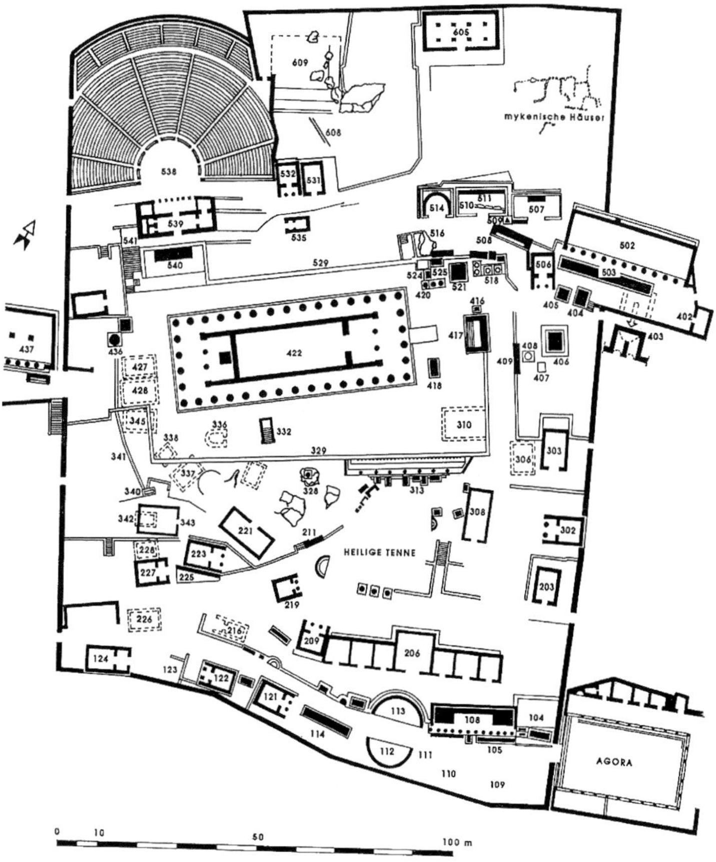


*Abb. 4: Delphi. Übersicht Heiligtum.*

waren dagegen auffällig schlicht gehalten. Neben und vor den Häusern drängten sich zudem weitere besonders eindrucksvolle und wertvolle Weihgaben und Statuen, zu denen der Führer, der Pausanias begleitete, jeweils eine eigene Geschichte erzählen konnte.

Nach einer ersten Biegung traf die heilige Straße auf die so genannte *hálos* (Heilige Tenne), einen runden Platz unterhalb des Tempels, wo in frühester Zeit vermutlich Rundtänze vorgeführt wurden, die sich seit klassischer Zeit im delphischen Fest der Septerien weiterführten. Hier versammelten sich auch die Festzüge zu den verschiedenen Kultplätzen im Heiligtum. Besonders wichtige Zuschauer nahmen zu diesen Veranstaltungen in der so genannten Halle der Athener (Nr. 313) Platz, die direkt an die Terrassenmauer des Tempels gebaut war. Seit hellenistischer Zeit wurden hier jedoch die Waffen und Schiffsheckziere der von den Athenern eroberten Feinde ausgestellt. In unmittelbarer Nachbarschaft erhoben sich schon seit der frühesten Bauphase die so genannten Felsen der Leto und der Sibylle, wo nach Pausanias in alten Zeiten die Sibylle Herophile gesessen und geweissagt haben soll. Eine Treppe neben der Athenerhalle führte direkt vor das wichtigste Bauwerk des Heiligtums – den Apollontempel (Nr. 422). Der früheste Kultbau stammte vermutlich aus dem 6. Jh. v. Chr. und lässt sich als 16 m × 40 m großer Ringhallentempel oder als 12 m × 30 m großer mit Marmor oder Tonziegeln gedeckter Antentempel rekonstruieren.

Nach einem Brand in den Jahren 548/47 v. Chr. wurde der so genannte Alkmaenoidentempel errichtet – benannt nach der Familie der Stifter, den Alkmaenoiden aus Athen. Für seinen Bau wurde eine Fläche von 4000 m² freigeräumt und mit einer Polygonalmauer nach unten abgestützt. Der Tempel wurde vermutlich um das alte in seinen Grundmauern noch erhaltene *adyton* (das Allerheiligste) herum errichtet. Mit seiner dorischen Ordnung und den 6 × 15 Säulen folgte er einem eher altmodischen Plan. Seine Fassade wurde jedoch von den Alkmaenoiden großzügig mit parischem Marmor verkleidet. Dies geschah nicht ohne Hintergedanken: Der Tempel sollte auf diese Weise mit dem etwa gleichzeitig entstandenen Athenatempel auf der athenischen Akropolis mithalten können, der von den größten Konkurrenten der Alkmaenoiden, den Peisistratiden, in Auftrag gegeben worden war.

Doch auch dieser Tempel stand nicht lange. Ein Bergsturz zerstörte gegen Ende des 4. Jhs. v. Chr. den gesamten nordwestlichen Bereich des Heiligtums, einschließlich eines Teils des neuen Tempels. Auch heute noch wird die Gegend um den Parnass immer wieder von größeren und kleineren Erdbeben erschüttert. Zunächst wurde aus dem Material des eingestürzten Tempels eine neue Stützmauer, die so genannte Ischegaon, errichtet. Der neue, heute noch erhaltene Tempel besteht zu großen Teilen aus lokalem Kalkstein und korinthischem Poros und folgt in seinem Grundriss dem vorigen archaischen Tempel. Zum Eingang auf der Ostseite führte eine 7 m lange Rampe hinauf. Im Inneren der in schmale Seitenschiffe abgeteilten Cella verlief eine Säulenkollonade bis zum *adyton,* das sich auch im neuen Tempel nicht verändert zu haben scheint.

Hier nun im Allerheiligsten des Tempels saß die Pythia und verkündete ihre Prophezeiungen. „In das Innerste des Tempels dürfen nur wenige eintreten, und es ist dort eine Statue des Apollon zu sehen“ (Paus. 10,24,5). Mehr kann Pausanias nicht über das *adyton* berichten. Aus anderen Quellen wissen wir, dass es im hinteren Teil der Tempelcella und ein paar Treppenstufen unterhalb des übrigen Bodenniveaus lag. An den Wänden standen die Sprüche an die Sieben Weisen und ein Spruch, der einst an Homer gegangen sein soll. Neben der Erdspalte, über der die Pythia auf einem Dreifuß saß, um zu weissagen, mündete ein unterirdischer Kanal, der zur vor dem Tempel gelegenen Quelle der Nymphe Kassotis führte. Weiter standen in unmittelbarer Nähe zur Priesterin ein Lorbeerbaum (als heiliger Baum des Gottes Apollon), eine goldene und eine hölzerne Statue des Apollon und der so genannte *omphalos* (griech. Nabel), ein konischer Stein, der einem Mythos Pindars zufolge den Mittelpunkt bzw. „Nabel" der Welt bezeichnete. Eine Kopie des Originals aus dem 4. Jh. v. Chr. ist heute noch im Museum von Delphi zu bewundern. Die steinernen Girlanden, die diesen Omphalos bedecken, bilden dabei wollene Bänder ab, mit denen der Stein im *adyton* an bestimmten Feiertagen umwunden wurde (Abb. 5).

Bevor wir uns nun den Diskussionen über das anschließen, was im Inneren des Tempels wirklich geschah, sollten wir zunächst unseren Rundgang mit Pausanias durch das Heiligtum beenden. Da dieser nicht gedachte, eine Anfrage an das Orakel zu stellen, wandte er sich wohl oder übel vom Tempel ab und betrachtete den gegenüberliegenden von den Bewohnern der Insel Chios gestifteten Altar (Nr. 417), bevor er eine Treppe hinauf zur so genannten Lesche (Nr. 605) stieg. Dabei handelt es sich um einen geschlossenen Rechteckbau, dessen Zugang an der Langseite lag und der im Norden durch die Temenosmauer und im Osten und Westen durch die Terrassenmauern eingefasst war. Im Inneren weisen vier Stützfundamente auf eine Holzsäulenkonstruktion hin. Eine Stiftungsinschrift auf der gegen das Tal gerichteten Terrassenmauer weist den Bau als die von den Knidiern gestiftete „Lesche" (Nr. 538), einen multifunktionalen prunkvollen Versammlungsbau, aus. Pausanias rühmt den Bau vor allem wegen seiner berühmten Gemälde, auf denen unter anderem die Zerstörung Trojas und die Hadesfahrt des Odysseus abgebildet waren (Paus. 10,25,2).

Den krönenden Abschluss des heiligen Bezirks bildete das in den Hang hinter dem Tempel eingetiefte Theater. Schon im 4. Jh. v. Chr. fanden die musischen Wettkämpfe der delphischen Spiele in einem kleineren Holztheater statt. Im 2. Jh. v. Chr. wurde dieses durch ein größeres aus Stein ersetzt, das etwa 5000 Zuschauern Platz und einen atemberaubenden Blick über die Ebene bis zum Meer bot. Die sportlichen Wettkämpfe der pythischen Festspiele fanden im oberhalb des Heiligtums gelegenen Stadion statt.

## Das Orakel der Pythia

Dem griechischen Historiker Diodor zufolge soll lange vor der Besiedlung Delphis an diesem Ort ein Hirte seine Ziegen geweidet haben. Als die Tiere sich einer tiefen Erdspalte näherten, verfielen sie plötzlich in einen tranceartigen Zustand. Der Hirte, der dieser Sache auf den Grund ging und sich über die Erdspalte beugte, geriet in denselben Zustand, soll aber zugleich

*Abb. 5: Omphalos. Römische Kopie. Museum Delphi.*

die Kraft der Weissagung erhalten haben. Als sich dies herumsprach, kamen immer mehr Menschen, um sich selbst und anderen weiszusagen – doch war dies mit bestimmten Gefahren verbunden, denn nicht selten stürzten die in Trance befindlichen in die Erdspalte hinab. Angeblich allein aufgrund dieser Gefahren (und bar jeglichen wirtschaftlichen Hintergedankens) beschlossen die Anwohner, die Stätte nicht mehr frei zugänglich zu machen, sondern die Sprüche durch eine von ihnen erwählte Frau geben zu lassen, für die sie einen Dreifuß konstruierten, auf dem sie über dem Erdspalt sitzen konnte (Diod. 16,26).

Ob sich die Gründung Delphis tatsächlich so oder so ähnlich abgespielt hat, ist nicht zu klären. Fest steht, dass hier spätestens seit dem 6. Jh. v. Chr. eine Priesterin namens Pythia im Namen des Apollon weissagte. Ihren Namen hatte sie von dem alten Begriff für Delphi übernommen – Pytho, denn der Sage nach lebte hier lange bevor Apollon das Orakel für sich beanspruchte, eine riesige menschenfressende Schlange *(python)*, die der jugendliche Gott im Kampf besiegte (Hom h. 358–364). Bei der Priesterin handelte es sich dabei zunächst um eine eher junge Frau, die abgeschlossen von der Außenwelt im Heiligtum ein sehr einsames Leben verbrachte. Als sich einer der Orakelklienten jedoch an der keuschen Jungfrau vergriff, entschied man sich von nun an nur noch eine Priesterin jenseits des gebärfähigen Alters einzusetzen.

Ob und wie die Priesterin gewählt wurde, ist nicht bekannt. Doch war die Aufgabe sicherlich mit einem gewissen Prestige verbunden. Aus der römischen Kaiserzeit weiß man, dass viele der Pythien aus sehr einflussreichen delphischen Familien stammten. Viele Delphier berichten auf Inschriften stolz davon, von einer Pythia abzustammen. Sie besaß ein eigenes Haus und Bedienstete auf dem Heiligtumsgelände. Wurde zu Beginn nur an einem einzigen Tag im Jahr, dem siebten des Monats Bysios, geweissagt, war der Andrang bald so groß, dass an jedem siebten Tag im Monat Fragen entgegengenommen wurden. In den Wintermonaten, die Apollon einem Mythos nach bei den Hyperboreern verbrachte, blieb das Orakel jedoch geschlossen.

Mehrere Tage vor dem festgesetzten Befragungstermin begann die Phytia sich auf dieses Ereignis vorzubereiten, indem sie nächtelang wachte, fastete, sich verschiedenen Reinigungszeremonien unterzog und schließlich zur heiligen Quelle ging, um darin zu baden. Auch der Orakelklient hatte sich mit dem Wasser derselben Quelle zu reinigen. Danach musste er erst auf dem großen Hauptaltar vor dem Tempel und dann im Tempel ein Opfertier schlachten lassen und sein *pelanos* (Orakelgebühr) entrichten. Der Betrag war genau festgesetzt und richtete sich nach dem Status des Fragestellers sowie nach dessen Verhältnis zur delphischen Amphiktyonie (Städtebund zum Schutz des Heiligtums). So überliefert eine Inschrift aus dem Jahre 400 v. Chr., dass ein Privatmann aus Phaselis im südlichen Kleinasien vier Obolen zahlte, während für eine offizielle Anfrage derselben Gemeinde sieben delphische Drachmen und zwei Obolen verlangt wurden – umgerechnet etwa das Sechsfache.

Wenn der Fragesteller das *adyton* betrat, hatte die Pythia bereits auf ihrem Dreifuß über der Erdspalte Platz genommen. Es ist anzunehmen, dass er die Priesterin nicht direkt ansehen konnte, sondern in einem Nebenraum wartete, von wo er diese aber sicherlich hören, vielleicht auch undeutlich sehen konnte. Vermutlich befand sich das Medium zu diesem Zeitpunkt bereits in ritueller Trance. Der augenscheinlich rein psychische Akt war dabei sicherlich mit enormen physischen Belastungen verbunden. So war eine Pythia allein nicht in der Lage, mehr als einmal im Jahr den Gott zu empfangen, weshalb bei steigender Nachfrage mehrere Priesterinnen eingesetzt wurden. Wie kräftezehrend das Ritual gewesen sein muss, beweist auch ein Vorfall aus der Zeit des Priesteramtes Plutarchs. An diesem Morgen hatte man es gewagt, die delphische Priesterin zur Weissagung zu zwingen: „Die Pythia stieg zwar zur Orakelstätte nieder“, berichtet Plutarch über dieses Ereignis, „widerstrebend, wie man erzählt, und unwillig; sogleich aber bei ihrer ersten Antwort merkte man an der Rauheit ihrer Stimme; dass sie wie in einem Wogenschwall fortgerissenes Schiff nicht wieder aufkommen konnte und von einem stummen und bösartigen Hauch erfüllt war. Und schließlich stürzte sie sich völlig außer sich und mit furchtbarem unartikuliertem Geschrei in fliegendem Lauf zum Ausgang, so dass nicht nur die zur Befragung Gekommenen, sondern auch der Prophet Nikandros und die anwesenden Geweihten davonliefen“ (Plut. de def. Or. 51,438B). Als man sich in das Allerheiligste des Tempels zurücktraute, lag die Priesterin immer noch ohnmächtig am Boden. Man trug sie aus dem Tempel in ihre Gemächer, doch sie war nicht mehr zu retten. Nur wenige Tage nach diesem Ereignis starb sie.

## Zwischen Wahn und Wahrsagen

Wie glaubhaft ist aber die religiöse Trance der Pythia? War etwa alles nur gespielt, um den Klienten zu beeindrucken? In Ekstase weissagende Medien gab es bereits in der babylonischen Kultur, doch waren ihre Weissagungen im Gegensatz zu den bewusst herbeigerufenen Zuständen der delphischen Priesterin eher zufällig. Zudem waren sie gesellschaftlich längst nicht so anerkannt. Auch für die minoische und mykenische Welt existieren bis heute keine stichhaltigen Beweise für eine zu dieser Zeit praktizierte inspirierte Mantik. Und auch nicht die homerischen Seher, wie Kalchas oder Mopsos, oder die weissagende Apollonpriesterin Cassandra in der *Ilias* können als ekstatisch oder besessen bezeichnet werden.

Den Zustand, den man in der heutigen Religionswissenschaft als spirituelle Besessenheit bezeichnet, nannte man im antiken Griechenland *éntheoi* (einen Gott im Inneren haben) oder *kátochoi* (von einem übernatürlichen Geist gehalten werden). Im 5. Jh. v. Chr. beschrieb Platon in seinem Werk *Phaedrus* die beiden Begriffe *manike* (göttliche Besessenheit) und *mantike* (Weissagekunst) als zwei identische Bezeichnungen für ein und dasselbe Phänomen, zu denen er schließlich auch die poetische Inspiration zählt (Plat. Phae. 244–245). Die Resultate dieser drei ekstatischen Zustände waren zwar grundlegend unterschiedlich (Krankheit, Orakel und Dichtkunst), doch hätten alle denselben Ursprung – den Kontakt eines Individuums mit dem Gott Apollon. Platon beschreibt weiter, dass prinzipiell jeder Mensch bzw. dessen Seele eine gewisse mantische Fähigkeit besäße, die gewisser äußerer bzw. übernatürlicher Umstände bedürfe, um sie zur vollen Entfaltung zu bringen. Die mantische Fähigkeit sei demnach ein Geschenk der Götter, das zwar theoretisch jeder nutzen könne, tatsächlich aber nur bestimmte Menschen träfe. Diese Auserwählten waren im wahrsten Sinne des Wortes „besessen“: Sie agierten nicht mehr durch den eigenen Willen, sondern als Werkzeug des Gottes.

Auch in vielen modernen Kulturen und Glaubensrichtungen ist die inspirierte Mantik immer noch verbreitet. Spätestens seit der Definition des Religionsphilosophen Mircea Eliade (1964), zählt man sie heute zu dem – im Gegensatz zur Antike nicht immer ernst genommenen – Oberbegriff des Schamanismus. Erstmals für die Medizinmänner in Sibirien und Nordamerika formuliert, übernahm Eliade die Bezeichnung für alle religiösen Techniken und Ritualen, bei denen sich eine bestimmte Person in Trance oder Ekstase befindet. Im brasilianischen Candomblékult etwa kleiden sich die *filho de santo* (Eingeweihten) an bestimmten Feiertagen festlich ein, um dann in einem gemeinschaftlichen Tanz die Ankunft der *Orixás* (Götterboten) zu erwarten. Nimmt ein Geist Besitz von einem Tänzer, äußert sich dieses, wie bei der Pythia, in ekstatischen Zuckungen und einer veränderten Stimme. Dabei kann jeder Eingeweihte an der Art der Bewegungen, an der Stimmlage und der Ausdrucksweise erkennen, von welchem der vielen *Orixás* das Medium befallen ist. Auch in den vor allem in Europa und Nordamerika verbreiteten so genannten neopaganen Kulten ist rituelle Trance weit verbreitet. So beschreibt die britische Schamanin und Heilerin Kay Gillard ihre Trance: „Und wenn ich selbst Orakel gebe, fühle ich wie die Energie des Gottes in meinen physischen Körper eindringt.“ Ihre Kollegin Emily Ounsted aber gibt den eher praktischen Hinweis, „dass es eine gute Idee ist, sich bei dieser Technik anfänglich hinzusetzten, bis man voll mit ihr vertraut ist – da dies verhindert, dass man vorneüberfällt, wenn der Gott den Körper betritt oder verlässt“.

Ähnliche Erfahrungen mag auch die delphische Pythia gemacht haben. Plutarch weist den Geist, der die Phytia bei der erzwungenen Befragung ergreift, aufgrund ihres von den normalen Trancezuständen abweichenden Verhaltens und ihrer Stimme als „böse“ und „sprachlos“ aus, die Priesterin selbst als „rasend“. Eine „normale“ Besessenheit durch den sonst wohlwollenden Gott Apollon rief vermutlich ein ganz anderes Verhalten der Priesterin hervor. Schon Plutarch berichtete, dass weder die Sprache noch die Metrik oder der Ton der Pythia vom Gott selbst komme, sondern allein von der Priesterin. „Apollon verursacht nur ihre Inspiration und entzündet das Licht der Zukunft in ihrer Seele“ (Plut. Über die Orakel der Pythia 7. 397 CD). Die Pythia ist also eher als eine Art Übersetzerin des Gottes zu verstehen, die in ihrer eigenen Sprache ausdrückte, was der Gott ihr eingab.

## Alles Lüge? Von Drogen und geheimen Dämpfen

Antike Quellen berichten, dass die Pythia den Zustand der Inspiration nicht nur durch die Dämpfe der Erdspalte, sondern auch durch das Kauen von Lorbeerblättern und das Trinken des Wassers der heiligen Kastaliaquelle herbeiführte – doch lässt sich dies wissenschaftlich bisher nicht beweisen. Zu Beginn des 20. Jhs. unternahm Professor Österreich sogar einen Selbstversuch, indem er eine sehr große Menge Lorbeerblätter kaute. Er musste jedoch enttäuscht feststellen, dass er sich „nicht mehr als üblich inspiriert" fühlte. Auch das angeblich inspirierende Wasser der Kastaliaquelle wurde untersucht – jedoch ohne nennenswerte Ergebnisse. Bleiben die Dämpfe der legendären Erdspalte: Besonders römische Quellen berichten, dass das *adyton* des delphischen Tempels tiefer lag als das Laufniveau der übrigen Cella und dass sich darin eine Felsspalte befand, aus der Dämpfe entwichen, mittels derer sich die Pythia in Trance versetzten konnte. Doch keine der zahlreichen Grabungskampagnen im Inneren des Tempels konnte diese Aussagen bestätigen. Die letzten Untersuchungen ergaben zwar, dass der Bodenbelag der Cella durchaus wenige Meter tiefer gelegen haben könnte und vermutlich durch eine Mauer von der vorderen Cella abgetrennt war, Anzeichen einer Felsspalte ließen sich in dem unübersichtlichen Areal aus hinabgestürzten Baublöcken und anstehendem Felsen jedoch keine erkennen. Dies veranlasste die Forschung bis vor kurzem, die Trance der Pythia als Hirngespinst der antiken Autoren oder als bewusst in Umlauf gebrachtes werbewirksames Gerücht der delphischen Priester abzutun.

Neuere, seit den 1980er Jahren durchgeführte geoarchäologische Untersuchungen scheinen jedoch das Gegenteil zu beweisen. Im Osten und Westen des Tempels weisen oberflächliche Gesteinsfugen auf eine unterirdische tektonische Störung, die so genannte Delphistörung, hin, die quer über den Südhang des Parnass und vermutlich direkt unter dem Tempel verlief. Eine zweite Störung, „Kernastörung" genannt, verläuft von Nordwesten nach Südosten und schneidet die Delphistörung direkt unterhalb des *adytons*. Der Boden über einer solchen Störung und noch mehr an der Schnittstelle zweier dieser Phänomene ist besonders durchlässig für Wasser und Gase. Da sich diese Austritte einerseits in der Folge von Erdbeben verschieben, andererseits aber durch Ablagerungen von Kalkspat im Laufe der Jahrhunderte verschließen können, ist es durchaus möglich, dass das in der Antike aktive Naturphänomen heutzutage nicht mehr sichtbar ist. Zudem kann Gas wie Wasser aus sehr schmalen Öffnungen aus dem Boden austreten, so dass man nicht unbedingt nach einer deutlich sichtbaren Erdspalte zu suchen braucht. Die delphischen Bruchzonen reichen bis in die Kalksteinschichten hinab, wo durch die ständigen tektonischen Bewegungen so viel Reibungswärme erzeugt wird, dass bituminöse Substanzen teilweise verdampfen und durch feine Risse im Gestein an die Oberfläche treten können. Welche Substanzen an dieser Stelle zutage traten, ist allerdings umstritten. Natürliche bituminöse Gase, die sich in den Gesteinsproben der Tempelumgebung ablagerten, sind Methan und Ethan, ein Zersetzungsprodukt von Ethylen. Zusätzlich trat vermutlich flüchtiger Kohlenwasserstoff zutage. Da Ethylen ein bis in die 1950er Jahre als Anästhetikum viel genutztes Gas war, plädierten der Geologe Jelle de Boer, der Archäologe John Hale und der Toxikologe Harald Spiller für Ethylen als dasjenige, das in erhöhter Konzentration aus dem Boden austrat und die Pythia in Trance versetzte. Bei Überdosierung kann dieses Gas einen an Raserei erinnernden Anfall auslösen – ganz ähnlich dem von Plutarch beschriebenen Anfall der Pythia. Die Existenz der Erdspalte von Delphi dürfte damit bewiesen sein.

## Die Macht des Orakels

Schon im 5. Jh. v. Chr. wusste der griechische Historiker Herodot von mehr als 30 Fällen zu berichten, in denen das delphische Orakel in das innen- und außenpolitische Geschehen Griechenlands eingriff. Nur wenige derer, die in den Jahrhunderten der großen Kolonisation seit dem 8. Jh. v. Chr. aus dem überfüllten griechischen Kernland auszogen, um an den Ufern des Mittelmeeres und an der Schwarzmeerküste nach neuen Lebensräumen zu suchen, vergaßen zuvor die Pythia um Rat zu fragen. Was in einem solchen Falle der Missachtung der apollinischen Meinung passieren konnte, beweist das Beispiel des Spartaners Dorieus (Hdt. 5,42). Dieser führte eine Gruppe von Siedlern ohne Konsultation Delphis nach Libyen. Zwar konnten sie dort eine Kolonie gründen, doch schon zwei Jahre später wurden sie von den Einheimischen, die sich mit den Karthagern gegen sie verbündet hatten, wieder vertrieben. Weitaus glücklicher traf es die Auswanderer aus Korinth. Die Pythia weissagte dem *oikisten* (Anführer) Archias auf seine Frage, wohin sie ziehen sollten: „Ortygia liegt im dämmrigen Meer. Über Trinakria, wo des Alpheios Mündung aufsprudelt. Sich mischend mit den Quellen der schön fließenden Arethusa“ (Paus. 5,7,3). Sie fanden diesen Ort im Westen (dämmrig, da dort die Sonne untergeht) auf einer kleinen Insel direkt vor Sizilien (Trinakria, die „Dreieckige“) an dem Ort, wo sich in der Mythologie die beiden Flussgötter Alpheios und Arethusa vereinten. Von dieser strategisch äußerst günstig gelegenen Insel eroberten die Korinther nach und nach große Teile Siziliens.

Auch im Krieg gab Delphi Rat. In den so genannten Perserkriegen (490–479 v. Chr.) riet Delphi zunächst zur Aufgabe und schlug sich damit auf die Seite der Mehrheit der griechischen Stadtstaaten, denn nur etwa 5 % von ihnen, darunter Athen und Sparta, nahmen eine aktive Gegenposition zu der übermächtigen persischen Bedrohung ein. Auch den Bürgern der kleinasiatischen Stadt Knidus empfahl das Orakel ihre Maßnahmen zur Verteidigung einzustellen (Hdt. 1,174). Den Argivern gab die Pythia gar den Rat, sich aus den Kampfeshandlungen völlig herauszuhalten: „Bleib du still zu Hause und lass nur ruhen deinen Wurfspeer! Halte das Haupt dir geschützt! Das Haupt wird den Körper dir retten“ (Hdt. 7,148). Doch wie die Geschichte beweist, überließen sich nicht alle griechischen Stadtstaaten dem persischen Ansturm kampflos. Und auch diesmal hatte Delphi seine Finger im Spiel, denn als die Athener nach einem ersten pessimistischen Orakel die Pythia auf Anraten eines delphischen Bürgers ein zweites Mal befragten, riet ihnen die Priesterin: „… ist das Übrige alles von Feinden genommen … dann gibt die Mauer aus Holz der Tritogeborene weitschauende Zeus unbezwungen allein, dir und deinen Kindern zunutze. Doch erwarte du nicht der Reiter Schar und das Fußvolk ruhig auf festem Boden! Entweiche dem drohenden Angriff, wende den Rücken ihm zu! Einst wirst du ja dennoch sie treffen. Salamis, göttliche Insel …“ Die Gesandten schrieben den Rat auf, kehrten nach Athen zurück und diskutierten lange, wie er auszulegen sei. Die älteren Stadträte plädierten dafür, sich auf die Akropolis zurückzuziehen, die in früherer Zeit mit einer Hecke umgeben gewesen war. Schließlich setzte sich Themistokles durch, der die im Orakelspruch erwähnte hölzerne Mauer als eben jene Flotte deutete, die er in den Jahren zuvor unter beträchtlichem steuerlichen Aufwand hatte bauen lassen. Nicht alle der attischen Verbündeten glaubten ihm. Dennoch wurden Frauen, Kinder und Alte auf die Insel Salamis gebracht und die Stadt den Persern scheinbar kampflos überlassen. In der darauffolgenden Seeschlacht vor Salamis jedoch wurde fast die gesamte Flotte der Perser versenkt und ihr Führer Xerxes in die Flucht geschlagen. Die Pythia hatte wieder einmal recht behalten.

Wie aber kam es, dass die Stimme einer alten Frau über das Schicksal eines ganzen Staates entscheiden konnte? An der Historizität vieler dieser berühmten Orakelsprüche mag gezweifelt werden. Wie archäologische Funde nachweisen, wurde Syrakus bereits im 8. Jh. v. Chr. besiedelt. Hinweise auf ein Mitwirken Delphis finden sich aus dieser Zeit nicht. Viele Forscher nehmen daher an, dass die Sprüche erst im Nachhinein entstanden sind, um das Ansehen einer Stadt durch das Wohlwollen eines Gottes zu erhöhen. Auch die delphischen Weissagungen im Kriegsfall dienten vermutlich eher einem solchen legimitatorischen Zweck als einer tatsächlichen Entscheidungshilfe.

Die meisten der Antworten sind zudem in einer eher zweideutigen Art und Weise formuliert. Manche Historiker behaupten, dass Delphi ein weitgreifendes Netz von Geheimagenten besaß, die vor allem politisch relevante Fragen im Vorfeld ausspionierten. Nachweisen lässt sich dies natürlich nicht. Glaubhafter ist es dagegen, dass die Priester die Art der Antworten bewusst mystisch verklärten. Um also sicherzugehen, dass die Priesterin bzw. der durch sie sprechende Gott eine passende Antwort gab, wurden die bewusst unartikulierten Laute der Pythia vermutlich durch die Priesterschaft „übersetzt“ und in passende Reime gebracht. Eine perfekte Orakelantwort war dabei alles andere als klar verständlich und ließ dem Kunden damit genügend Platz für persönliche Interpretationen. Sollte sich diese im Anschluss als falsch erweisen, blieb Delphi immer noch die Möglichkeit, die Schuld dem Kunden selbst in die Schuhe zu schieben. Genau dies geschah mit dem großzügigen Lyderkönig Kroisos. Vorsichtig wie er war, hatte er zunächst durch eine Testfrage die Macht der bedeutendsten Orakel seiner Zeit erprobt. In einem versiegelten Korb schickte er die Frage, was er zu dem Zeitpunkt der Fragestellung gerade täte. Nur Delphi und das Inkubationsorakel des Amphiaraios von Oropos antworteten richtig: nämlich dass der König eine Schildkröte und ein Kind gemeinsam in einem bronzenen Topf koche. Als dieser nun dem Orakel von Delphi die eigentliche Frage stellte, ob er seine Nachbarn, die Perser, angreifen solle, antwortete die Phytia mit dem berühmtem Spruch: „Wenn du über den Halys ziehst, wirst du ein großes Reich zerstören.“ Natürlich hielt der Lyderkönig dies für eine positive Antwort und zog in die Schlacht. Als er diese jedoch verlor und sich im Anschluss daran beim delphischen Orakel beschweren wollte, belehrten ihn die Priester, dass er schließlich tatsächlich ein großes Reich, nämlich sein eigenes, zerstört und die Pythia deshalb die Wahrheit gesprochen habe. Wenn er klug gewesen wäre, hätte er eine zweite Gesandtschaft nach Delphi geschickt, um zu fragen, um welches Reich es sich gehandelt hätte (Hdt. 1,91). Pech für Kroisos – Glück für die Delphier, denn während babylonische Tempelchroniken beweisen, dass Kroisos vermutlich von den Persern gefangen und getötet wurde, erlebte das Orakel mit seinen unfehlbaren Antworten einen regelrechten Boom – der natürlich auch Nachahmer und Konkurrenten auf dem Plan rief.

## Heilige Wasser

### Die prophetischen Apollonorakel von Ptoion, Didyma und Klaros

Hermes, Sohn des Zeus und der Pleiade Maia, war gerade erst geboren, als er auch schon aus seiner Wiege sprang und seinen älteren Bruder Apollon reinzulegen versuchte – 50 der schönsten apollinischen Rinder stahl er und verwischte seine Spuren, indem er aus Zweigen eine Art Schneeschuhe flocht. Doch seine Tat blieb nicht unentdeckt – ein Winzer verriet ihn und Apollon schleppte ihn vor ihren Vater Zeus, der Hermes zornig befahl, alles zurückzugeben. Scheinbar reumütig schenkte Hermes seinem Bruder die Leier, die er kurz zuvor aus dem Panzer einer Schildkröte konstruiert hatte. Geschmeichelt vermachte dieser ihm daraufhin den Heroldstab – Symbol für immerwährendes Glück und Wohlstand und von nun an Markenzeichen des jungen Halbgottes. Das Geheimnis der Wahrsagekunst aber konnte und wollte Apollon seinem Bruder nicht verraten: „Doch freilich, die Sehergabe, nach der du, trefflicher Hermes, fragst, zu erlernen, ist so wie den anderen Unsterblichen auch dir nicht bestimmt. Denn was Zeus denkt, weiß nur er selber. Ich aber habe mein Treuewort gegeben, es soll von den ewigen Göttern kein andrer außer mir wissen, was Zeus beschlossen hat“ (Hom. h. Herm. 533–538) – Apollon war und blieb der griechische Orakelgott schlechthin.

Auf diese Weise mythologisch fixiert, ist es nicht weiter verwunderlich, dass die meisten der überregional bekannten griechischen Orakelstätten im Namen Apollons weissagten. Ihm waren die Orakel im griechischen Argos, Theben, Ptoion, Abai, Hysiai, Koropi, Tegyra, Telphousa und auf den Inseln Rhodos und Delos geweiht. In Kleinasien war er nicht minder populär. Dort gab er Ratschläge in seinen Heiligtümern in Adrasteia, Chryse, Didyma, Ephesos, Gryneion, Hierapolis, Kalchedon, Klaros, Kyaneai, Patara, Seleukia, Smyrna, Sura und Zeleia. Weitere mögen in den kommenden Jahren hinzukommen. Wie aber kam ein jugendlicher Harfe spielender Schönling wie Apollon zu einer solchen Aufgabe?

## Apollon – Herr der Orakel

In den mykenischen Linear-B-Tafeln ist Apollons Name nicht verzeichnet. Seine Stelle übernahm zu dieser Zeit vermutlich der Heilgott Pajawone bzw. Paiawon, von dem sich auch der mit dem Gott eng verbundene Begriff *paian* (Hymnus) ableitet. Auch Apollon wurde etwa seit dem 6. Jh. v. Chr. als Heilgott verehrt, jedoch galt er als eher misanthropischer Arzt. Nicht nur dass er alles Menschliche per se verachtete, als „fernhin Treffender“ konnte er mit seinen Pfeilen den Menschen die Pest sowohl bringen als auch wieder heilen. So befahl etwa ein klarisches Orakel, Apollonstatuen an den Stadttoren zum Schutz gegen die Pestepidemie von 165/4 n. Chr. aufzustellen. In diesem Kontext verbindet man ihn eher mit Begriffen wie Sühne und Entsühnung als mit aktiver Heilung. Diese überließ er lieber seinem Sohn Asklepios, der ihn als Heilgott an Popularität daher auch schnell überholte.

Auch archäologisch scheint sich Apollons Kult erst im geometrischen Griechenland nachweisen zu lassen. Neben Delphi galt Delos als das wichtigste Heiligtum des Gottes, denn dort hatte ihn seine Mutter Leto auf der Flucht vor Zeus rachsüchtiger Gattin Hera zur Welt gebracht (Hom. h. Apoll. 16). Funde beweisen jedoch, dass beide Heiligtümer weitaus älter sind als die frühesten schriftlichen Hinweise auf Apollon. Der dominierende Kult auf der Insel Delos muss wahrscheinlich bis weit in archaische Zeit Artemis und nicht Apollon zugeschrieben werden. Dasselbe gilt für das seit hellenistischer Zeit weltberühmte Heiligtum von Klaros an der kleinasiatischen Küste, wo Artemis noch im 6. Jh. v. Chr. gleichwertig mit ihrem Bruder verehrt wurde. Selbst in Delphi weisen frühe mykenische Funde eher auf die Verehrung einer weiblichen Gottheit hin. Noch Pindar nennt Gaia, die Erdmutter, als eigentliche Inhaberin der delphischen Orakelgrotte (Pind. Fr. 55). Erst im späten 6. Jh. v. Chr. verbindet der so genannte homerische Hymnus die Gründung des Heiligtums mit Apollon: Als dieser die dort lebende Riesenschlange Pytho getötet hatte, gründete er mit Hilfe kretischer Kaufleute das Heiligtum von Delphi. Woher aber kam Apollon in dieser Zeit?

Nachdem die Forschung seine Herkunft lange im kleinasiatischen und hier vor allem lykischen Raum vermutete, hat sich heute allgemein die von dem Schweizer Religionswissenschaftler Walter Burkert entwickelte These durchgesetzt, dass Apollon ein ursprünglich dorischer Gott war. Ihm zufolge lässt sich der Name Apollon von dem dorischen Wort *apella* (Volksversammlung) ableiten und weist den Gott damit als ursprünglich zentral mit einem eher siedlungsbezogenen Kult und der Versammlung waffenfähiger Männer aus. Bei diesen Anlässen wurden unter anderem junge Epheben durch das Ritual des Haarescherens in den Kreis der erwachsenen Männer aufgenommen. Als *akersekómas* (der mit den ungeschorenen Haaren) wird Apollon auch in der *Ilias* bezeichnet (Hom. Il. 20,39). Zu dieser initiatorischen und männerbündlerische Funktion des Gottes zählt Burkert schließlich auch die apollinischen Epiklesen (Rufnamen) Lykaios (der wölfische), Delphinios und Phoibos. Eines der frühesten archäologischen Beispiele für den Ort eines solchen Zusammentreffens scheint der Tempel des Apollon Delphinios in Dreros auf Kreta zu sein, der zu den ältesten nachweisbaren Kultorten des Gottes überhaupt zählt. Als sich im Laufe der Jahrhunderte aus den Familienclans die griechischen *poleis* (Stadtstaaten) zusammenschlossen, erhielt auch Apollon seinen Platz als einer der wichtigsten Vertreter zentraler politischer Kulte. In Athen war Apollon Delphinios vor allem für den Bereich des Bürgerrechts verantwortlich. Auch in Milet war er mit dieser Epiklese eng mit der Stadtherrschaft verbunden und besaß ein eindrucksvolles Heiligtum unmittelbar am antiken Hafen. In Argos, Theben und Rhodos standen seine Tempel direkt im Zentrum der Stadt. Viele dieser Heiligtümer erhielten früher oder später ein eigenes Orakel, durch das Apollon seinen Willen kundtat.

Damit fungierten die Orakel als Bindeglied zwischen Sühne/Entsühnung und Apollon als Gott eines kollektiven Moralgedankens. Indem Apollon also die alten Orakelstätten übernahm, wurden diese unter die Obhut einer öffentlichen Aufsicht gebracht. Rationalismus und göttliches Gesetz traten an die Stelle mystischer Prophezeiungen und archaischer Blutrache, das Männliche brachte das Weibliche unter seine Kontrolle – damit entsprach Apollon völlig dem damaligen Zeitgeist.

## Heilige Wasser

Zur Reinigung braucht man Wasser – egal ob der Schmutz real oder nur symbolisch ist. Wasserbecken, ähnlich den Weihwasserbecken in unseren heutigen Kirchen, finden sich in fast jedem griechischen Heiligtum. Noch reiner und damit heiliger als stehendes war jedoch das fließende Wasser einer Quelle. Im regenarmen Griechenland war daher fast jede Quelle mit einer Gottheit verbunden und in eine mehr oder weniger aufwendige Brunnenarchitektur gefasst. Diente die Quelle eines einfachen Nymphenkultes lediglich der Erfrischung, besaß das Wasser innerhalb eines Asklepiosheiligtums heilende und wundertätige Eigenschaften. Auch in den Heiligtümern eines mit Schuld und Sühne verbundenen Gottes wie Apollon gehörte ein Brunnen zur kultarchitektonischen „Standardausstattung", und in einigen der wichtigsten Orakel der griechischen Welt sagte man dem Wasser dieser Quellen sogar mantische Fähigkeiten nach.

## Das Orakel von Ptoion

Eines davon war zugleich der geographisch nächste Konkurrent Delphis in klassischer Zeit: das Apollonorakel von Ptoion. Auch in diesem Heiligtum war Apollon nicht der Gründungsgott. Seinen Namen erhielt das Orakel von dem lokalen Heros Ptoion, dessen Heiligtum zeitweilig Hauptheiligtum der nahe gelegenen Polis Akraiphia war. Doch bereits Herodot erwähnt den ptoiischen Apollon als einen der Orakelgötter, die der Perser Mys im Auftrage seines Generals Mardonius nach dessen politischer Lage befragte. Dieser hatte seinen Diplomaten zu den berühmtesten griechischen Orakeln geschickt – in denen Barbaren wie er Zutritt hatten –, um allen dieselbe Frage zu stellen: „Als jener Mys in den Tempel von Ptoos trat, begleitet durch drei durch die Gemeinde gewählte Männer, die den Götterspruch aufzeichnen sollten, da verkündete sofort der Oberpriester den Spruch, aber in einer Barbarensprache. Die thebanischen Begleiter waren nun voller Verwunderung, barbarische Worte statt hellenischer zu hören, und wussten nicht, was sie tun sollten. Mys aus Europos aber nahm ihnen die Tafel, die sie mitgebracht hatten, ab und schrieb den Spruch des Oberpriesters auf. Er sagte, die Sprache sei karisch (seine Muttersprache)" (Hdt. 8,135). Wie genau der Orakelspruch lautete, überliefert Herodot uns nicht, jedoch, dass Mardonius sich nach Durchlesen aller Orakelsprüche gegen ein militärisches Vorgehen entschied und lieber einen Diplomaten nach Athen schickte, um zu verhandeln.

Mitte des letzten Jahrhunderts entdeckten französische Ausgräber das Heiligtum von Ptoion eben an der Stelle, an der es Herodot beschrieb: „… jenseits des Kopaisees am Gebirge, ganz nahe der Stadt Akraiphia"

(Hdt. 8,134) im Nordosten Böotiens – unweit der damals mächtigen Polis Theben. Heute ist bis auf wenige Mauerreste von dem Heiligtum nur wenig erhalten. Erste neolithisch-helladische Überreste einer Siedlung finden sich oberhalb des Heiligtums. Eine in mykenischer Zeit errichtete Burg wurde vermutlich spätestens in archaischer Zeit aufgegeben, als Theben die Oberherrschaft über dieses Gebiet übernahm. Seit dem späten 5. Jh. v. Chr. wurde das Heiligtum durch Akraiphia, einem Mitglied des Böotischen Bundes, selbst verwaltet. Unter dieser Leitung wurde es bald so erfolgreich, dass es in hellenistischer Zeit als offizielles Bundesorakel galt, in dem alle fünf Jahre eigene musische Wettkämpfe stattfanden, die bis weit in die römische Kaiserzeit Bestand hatten.

Zu dieser Zeit erstreckte sich der Kultbezirk über drei Terrassen. Auf der obersten wurde schon in spätgeometrischer Zeit ein erster Tempel errichtet, der im 4. Jh. v. Chr. durch einen im dorischen Stil errichteten *peripteros* (ein Ringhallentempel, bestehend aus 8 × 13 Säulen) ersetzt wurde. Verschiedene Nebengebäude unklarer Funktion gruppierten sich westlich dieser zentralen Kultbaugruppe und bildeten eine Art Hof, in dessen Mitte der Altar lag. Die beiden unteren Terrassen waren dagegen vor allem mit Versorgungseinrichtungen bebaut. Auf der mittleren Terrasse lagen zwei Säulenhallen und ein großes quadratisches Gebäude, das vermutlich als Unterkunft für die Pilger genutzt wurde. Am westlichen Rand der unteren Terrasse befand sich seit archaischer Zeit ein von einer Quelle gespeister Brunnen in einem heiligen Hain aus Lorbeerbäumen, deren Plünderung in einer im Heiligtum gefundenen Inschrift ausdrücklich verboten war. Ganz in der Nähe lag möglicherweise auch das Theater, in dem die musischen Wettkämpfe ausgetragen wurden.

Der ptoiische *promantis* (Prophet) erhielt seine Inspiration, indem er von dem Wasser einer heiligen Quelle trank. Wie Herodot berichtet, erhielt Mys die Antwort auf seine Frage im Inneren des Tempels. Eben dort konnten die Ausgräber jedoch keinerlei Besonderheiten, geschweige denn Spuren einer Quellvertiefung nachweisen. Allerdings erkennt man auch heute noch direkt neben dem Tempels eine teilweise natürliche, teilweise künstlich in den Fels getriebene Grotte, in der ein Mensch bequem sitzend Platz finden würde. Sinterspuren weisen darauf hin, dass sich im Inneren früher eine Quelle befunden haben könnte. Vor dieser kleinen Höhle wurde zudem ein Vorbau errichtet, der den Blick ins Innere versperrte. Die Nähe zum Tempel sowie die bewusst verstärkte Abgeschlossenheit lassen vermuten, dass dies der Ort war, an dem der Oberpriester vom Quellwasser inspiriert, die Antwort des Gottes erhielt, die dann im Anschluss dem Fragesteller offiziell im Tempel verkündet wurde.

## Das Orakel von Didyma

Auch in den griechischen Kolonien, vor allem an der Küste der heutigen Türkei, entwickelten sich Orakelheiligtümer unter der Schirmherrschaft des Gottes Apollon. Während die Blüte der bötischen Orakel, wie Delphi, Theben oder Ptoion, im 8. und 7. Jh. v. Chr. begann, brauchte der Ruhm der kleinasiatischen Orakel etwas länger, bis er die gesamte antike Welt erfasste. Eine Quelle mit mantischen Fähigkeiten war auch das Zentrum eines der berühmtesten Orakel Kleinasiens – Didyma, etwa 20 km südlich der antiken Metropole Milet gelegen und mit dessen Hauptheiligtum, dem so genannten Delphinion, über eine heilige Straße verbunden. Milet, das bereits im 14. Jh. v. Chr. eine bedeutende mykenische Siedlung war, galt bis in römische Zeit als eines der wichtigsten wirtschaftlichen wie kulturellen Zentren der kleinasiatischen Küste. Davon profitierte natürlich auch das nahe gelegene Orakelheiligtum.

Der Sage nach soll an dieser Stelle, am Ufer einer Quelle, nicht nur die Mutter Apollons, Leto, durch Zeus geschwängert, sondern auch ein Hirte namens Branchus von Apollon verführt worden sein. Aus Dank für seine Liebesdienste schenkte der Gott ihm prophetische Fähigkeiten. Alle späteren Priester Didymas entstammten daher dem auf Branchus zurückzuführenden Geschlecht der Branchiden. Die Quelle aber erklärte man heilig und machte sie zum Zentrum des apollinischen Kultes.

Auch heute noch ist das Heiligtum beeindruckend (Abb. 6). Das liegt vor allem an dem riesigen gut erhaltenen Tempel, der sich in einer Senke inmitten des kleinen Dorfes Didim erhebt. Er wurde in der Zeit Alexanders des Großen begonnen und bis zur Schließung des Orakels im 4. Jh. n. Chr. nie beendet. Berühmt war seine Größe schon in der Antike. „Hier erbauten die Milesier den größten aller Tempel, doch blieb er seiner Größe wegen ohne Dach; denn die Ringmauer des Heiligtums erfasst den Raum eines Dorfes“, schrieb auch Strabo über Didyma – und irrt sich vermutlich, was den Grund für den offenen Tempel anging, denn schon der wesentlich kleinere erste Tempel aus dem 8./7. Jh. v. Chr. war *hypäthral* (ohne Dach). Zentrum dieser ersten vermutlich aus Lehmziegeln errichteten Anlage war von Anfang an die heilige Quelle. Bereits um 600 v. Chr. wurde dieser Bau erweitert, indem er geschlossen und mit einer weiteren Mauer umgeben wurde. In dieselbe Bauphase datieren die Ausgräber auch den seltsamen Rundbau vor der Ostfront des heutigen Tempels. Eine etwa 1 m starke Ringmauer umschloss einen nicht gepflasterten Kreis von ca. 8 m äußerem Durchmesser. Die ursprüngliche Höhe der Ringmauer ist nicht zu ermitteln. Ob es sich hierbei um eine frühe Form des in den Quellen beschriebenen Aschealtars oder aber wie Burkhardt Fehr postuliert um einen runden Versammlungsraum handelt, bleibt umstritten.

*Abb. 6: Zwölfsäulensaal. Didyma.*

Schon damals muss das Heiligtum bis weit über die Landesgrenzen hinaus berühmt gewesen sein. Selbst der ägyptische Pharao Necho (609–593 v. Chr.) sandte wertvolle Weihgeschenke an den didymäischen Apollon. Auch Krösus ließ seine Boten hier anfragen. Um 550 v. Chr. wurden daher der Temenos und vor allem der Tempel umfassend erweitert. Der neue Bau war mit 10 × 21 Säulen einer der ersten ionischen Tempelgroßbauten überhaupt. Lange stand er jedoch nicht – 494 v. Chr. ließ Xerxes ihn auf seinem Eroberungsfeldzug durch Kleinasien niederbrennen und alle Tempelschätze, unter ihnen die berühmte eherne Statue des Apollon aus dem *adyton*, in seinen Palast nach Susa bringen. Und mit seiner Statue schien auch der Gott selbst das Heiligtum verlassen zu haben, denn als die Perser Didyma eroberten, versiegte die heilige Quelle und für mehrere Jahrzehnte schwieg das Orakel.

Erst um 334 v. Chr., sozusagen als Zeichen des Wohlwollens Apollons gegenüber dem in Milet verweilenden Alexander des Großen, begann die Quelle plötzlich wieder Wasser zu führen. Sofort begann man mit dem Bau eines neuen Tempels, dessen Ausmaße alles bisher Bekannte in den Schatten stellen sollten. Sein Grundriss wiederholt die Grundzüge seines Vorgängerbaus. Das heute noch erhaltene Stylobat (Unterbau) misst gigantische 51,13 m × 109,34 m, über dem sich eine doppelte Ringhalle mit 10 × 21 Säulen außen und 8 × 19 Säulen innen erhebt. Eine 14-stufige Freitreppe führt zu dem so genannten *dodekastylos* (Zwölfsäulensaal) und dem dahinter erhöht liegenden Zweisäulensaal. Anstelle einer Cellatür liegt zwischen den beiden Räumen ein über 14 m hohes unverschließbares Portal mit einer 1,50 m hohen Schwelle. Bedenkt man, dass die Durchschnittsgröße des antiken Menschen etwa derselben Höhe entsprach, war diese sicherlich nicht zum Überschreiten gedacht. Vielmehr könnte hier der Priester, nachdem er mit dem Orakelspruch aus dem Inneren des Tempels zurückgekehrt war, aus eindrucksvoller Höhe, die Antwort an die unten wartenden Klienten verkündet haben.

In den 4 m tiefer gelegenen ca. 20 m × 53 m großen Innenhof gelangte man vielmehr über zwei seitlich gelegene abschüssige Tunnelgewölbe. Hier lag schließlich der eigentliche Orakelbau mit der heiligen Quelle, die von den ersten Ausgräbern recht unprosaisch als „offen zutage liegendes Grundwasser ohne nennenswerten Abfluss“ bezeichnet wurde. Tatsächlich ist zu vermuten, dass weniger der Zorn Apollons als vielmehr plötzliche Klimaveränderung in diesem ohnehin schon trockenen Gebiet zur zeitweisen Austrocknung der Quelle geführt hatte. Da sie als ritueller Mittelpunkt des Orakelkultes jedoch von zentraler Bedeutung war, blieb sie weiterhin in die Architektur des *adytons* und in den Kult integriert.

Das Bauvorhaben stellte sich als Jahrhundertprojekt heraus – und tatsächlich sollte es nie beendet werden. Doch ungeachtet der laufenden Bautätigkeit begann der Orakelkult bald wieder zu florieren. Als Seleukos I. (311–281 v. Chr.), unmittelbarer Nachfolger Alexanders am Hofe des von ihm eroberten Perserreiches, die ehemals eroberte Statue des Gottes nach Didyma zurückbringen ließ, konnte das Heiligtum schon wieder eine lange Liste von Orakelanfragen verzeichnen. Anders als in vorhellenistischer Zeit, in der allein ein männlicher *prophetes* die Stimme des Gottes verkörperte, teilten sich jetzt ein *prophetes* genannter Oberpriester und eine als *promantis* bezeichnete Priesterin die Macht über das Orakel. Während die Klienten vermutlich im Zwölfsäulensaal warteten, überbrachte der *prophe-*

*tes* die Frage an die Seherin. Diese versetzte sich nur des Nachts in Trance, nachdem sie über drei Tage gefastet und gebetet hatte. Dann setzte sie sich ins Innere des Heiligtums über die Quelle. Durch Einatmen ihres Dunstes oder aber durch Berühren des Wassers mit ihren Zehen versenkte sie sich in mantische Ekstase. Anschließend überbrachte der Oberpriester ihre in Prosa oder Hexameter gebrachte Antwort den vor der großen Türschwelle wartenden Fragestellern. Anders als in Delphi wurden die Antworten im Archiv des Heiligtums, dem so genannten *chresmographion,* verwahrt. Die bedeutendsten der Orakelsprüche wurden in Stein gemeißelt und auf der *agora,* der anfragenden *polis* oder aber im Heiligtum selbst ausgestellt. Viele dieser Texte haben sich – wiederverwendet als Baumaterial – in mittelalterlichen Wohnhäusern der Umgebung bis in heutige Zeit erhalten. Dabei sind die Antworten zum Teil erstaunlich konkret in ihren Anweisungen – nichts erinnert an die rätselhaften Botschaften der Pythia: Es geht um den Bau eines Tempels für einen bestimmten Gott, die Zustimmung zu einem Vertrag zwischen Milet und Herakleia am Latmos oder um die Auslieferung von Geiseln an die verfeindeten Perser. Die meisten dieser Anfragen kamen aus dem Gebiet Ioniens und Kariens, doch gab es noch bis weit in römische Zeit hinein, zu einer Zeit, als Delphis Orakel schon lange der Vergessenheit anheimgefallen war, Anfragen aus dem nahen und fernen Ausland. Selbst die römischen Kaiser Caligula (37–41 n. Chr.) und Trajan (98–117 n. Chr.) befragten den didymäischen Apoll. Trajan war von seiner Antwort so angetan, dass er dem Tempel kurzerhand einen aufwendigen Fries spendete und die heilige Straße nach Milet renovieren ließ, wofür ihm mit dem Titel des „Propheten ehrenhalbers“ gedankt wurde. Der Gesamtbau des Tempels blieb dennoch unvollendet. Zwar zeugt auch die umfangreiche Siedlung mit Thermen, Wohnhäusern und einem Marktplatz, die sich um das Heiligtum und den heiligen Hain herum entwickelte von einem gut florierenden und damit wohlhabenden Heiligtumsbetrieb bis weit in römische Zeit, doch hatten sich die Bauplaner mit der Größe des Tempels einfach übernommen. Noch heute fällt auf, dass die Ecke des Tempels, die man von der heiligen Straße kommend zuerst sieht, vollständig erbaut und verziert ist, große Teile der hinteren durch den Baumbestand des heiligen Haines verdeckten Bereiche dagegen nur unzureichend oder gar nicht vollendet sind. Im 3. Jh. n. Chr. nahm auch der Ruhm Didymas stetig ab. Während am Tempel selbst noch weitergearbeitet wurde, dienten andere Bereiche des Heiligtums vermutlich bereits als Steinbruch. Wann die Bauarbeiten schließlich vollständig eingestellt wurden, bleibt unklar. Architektur, Funde und Inschriften reichen bisher nicht über die diokletianische Zeit hinaus und um den Sieg des Christentums über das heidnische Orakel von Didyma endgültig deutlich zu machen, wurde direkt über der heiligen Quelle in spätantiker Zeit eine kleine Kirche errichtet.

## Das Orakel von Klaros

Dass es sich bei dem Orakel von Klaros um eines der bekanntesten der kaiserzeitlichen Antike gehandelt hat, mag der heutige Besucher – vor allem wenn er in der ersten Jahreshälfte kommt – kaum glauben, denn hat er sich erst einmal durch die mannhohen Schilfgräser zur Ausgrabungsstätte gekämpft, erwartet ihn ein wenig beeindruckendes Bild: Große Teile des Heiligtumareals stehen unter Wasser. Um zum Tempel zu gelangen, watet man durch kniehohe Tümpel, die bewohnt sind von Wasserschildkröten und Fröschen. Die Orakelkammer unter dem *adyton* ist nur zu erahnen und das mächtige Propylon ist von riesigen Matschpfützen umgeben (Abb. 7). Der Grund hierfür liegt im steigenden Grundwasserspiegel im Tal des Ales-Flusses unweit der antiken Metropole Ephesos. Für jede neue Ausgrabungskampagne muss das Areal trockengelegt werden. Nur im Spätsommer, wenn auch die umliegenden Felder von der Sonne verdorrt sind, kann der Tempel trockenen Fußes besichtigt werden.

Dennoch, die Funde die an dieser Stelle zutage kamen, sind beeindruckend und zeugen von einem Kult, der über 1000 Jahre an ein und derselben Stelle existierte. Der Name Klaros wird bereits in den homerischen Hymnen erwähnt, doch beschrieb erst Strabo eine Gründungsgeschichte für den Ort (Hom. h. Apoll. 40 und Strab. 14,5,16). Das Orakelheiligtum soll demnach von dem Seher Mopsos gegründet worden sein, der an dieser Stelle einen Wettstreit gegen seinen Konkurrenten Kalchas gewonnen haben soll. Diesem war prophezeit worden, er werde sterben, wenn er einen Seher treffe, der ihm überlegen sei. Auf seinem Rückweg aus Troja begegnete ihm bei Klaros Mopsos und Kalchas forderte ihn auf, die Zahl der Früchte an einem Feigenbaum zu nennen. Als die Antwort, die Mopsos gab, sich bis auf die letzte Feige bestätigte, starb Kalchas aus Scham über seine Niederlage.

Die ersten griechischen Siedler kamen vermutlich bereits im 10. Jh. v. Chr. in das fruchtbare Flusstal. Die frühesten archäologischen Funde aus dem Heiligtum, eine Sammlung von bronzenen Messern und Fibeln, Weihegaben für Apollon und seine Schwester Artemis, stammen ebenfalls aus dem 10. Jh. v. Chr. In klassischer Zeit stand die Gegend um Klaros zunächst unter dem Einfluss Kolophons, das schon früh zu großem wirtschaftlichen Reichtum gelangt war. Schon in dieser Zeit finden sich Münzfunde mit dem Bild der apollinischen Lyra im Stadtgebiet. Im 6. Jh. v. Chr. wurde im Heiligtum ein erster Kultbau aus Marmor errichtet, der vermutlich bereits die heilige Quelle umschloss und zu dem ein rechteckiger Altar gehörte. Artemis behielt ihre fast gleichwertige Stellung im Heiligtum bei – nordwestlich des Tempelvorplatzes liegen die Grundmauern zweier weiterer archaischer Gebäude und eines Altars, die vermutlich Artemis geweiht

*Abb. 7: Klaros überflutet.*

waren. Ob das Heiligtum schon zu dieser frühen Zeit als Orakelstätte fungierte, ist unklar. In Verbindung mit der Befragung Kroisos wird Klaros von Herodot zumindest nicht erwähnt.

In den kommenden Jahrhunderten stritten sich Perser und Griechen mit wechselndem Erfolg um das Gebiet. Dem stetig steigenden Ruhm des klarischen Apollonkultes konnten diese Auseinandersetzungen jedoch nur wenig anhaben. Auch in den unsicheren Jahrzehnten nach dem Tode Alexanders des Großen, als Kolophon und Notion unter schweren demographischen und wirtschaftlichen Einbußen zu leiden hatten, blieb der Heiligtumsbetrieb erhalten, die Bauten wurden sogar umfassend monumentalisiert. Vermutlich bereits in der ersten Hälfte des 4. Jhs. v. Chr. wurde mit dem Bau eines größeren Apollontempels und eines neuen Artemistempels begonnen ebenso wie mit dem Ausbau der dorthin führenden heiligen Straße. Aus dieser Zeit stammt auch die überlebensgroße Kultbildtrias des Apollon, der Artemis und der Leto, die heute noch als Nachbildungen durch ihre monumentale Größe beeindrucken. Eine Altaranlage auf der Fläche zwischen Apollontempel und -altar war vermutlich für große Opferfeiern mit über 100 Opfertieren vorgesehen, die an den in vier parallelen Reihen angeordneten Steinblöcken mit Eisenringen auf ihre Tötung warteten.

Im Gegensatz zu vielen griechischen Städten und Heiligtümern kamen die kleinasiatischen, so auch Klaros, Notion und Kolophon, unter der römischen Besatzung im 1. Jh. v. Chr. wieder zu einem gewissen Reichtum. Seit augusteischer Zeit wurde das Heiligtum systematisch erweitert. Im 1. Jh. n. Chr. wurde das Orakel sogar zu einem vielbesuchten Ort der römischen High Society, nicht zuletzt aus dem Kaiserhaus. Germanicus soll hier sein frühes Ende prophezeit worden sein (Tac. Ann. 2,54). Nero war von dem klarischen Apoll sogar so beeindruckt, dass er eine Statue des Gottes in Rom aufstellen ließ, wobei zu klären bleibt, ob auch diese prophetische Fähigkeiten besaß. Auch Hadrian besuchte das Heiligtum auf seiner Reise durch den Osten seines Reiches zwischen 135 und 138 n. Chr.

Der Erfolg des Heiligtums spielgelt sich natürlich auch in dessen Erscheinungsbild wider. Die vom Meer und dem kleinen Hafen kommende heilige Straße war von zahlreichen Ehrenmonumenten flankiert und endete vor einem monumentalen Propylon (Torbau), das als quadratischer Bau mit vier dorischen Säulen im Süden und zwei auf der Tempelseite im Norden zu rekonstruieren ist. Dennoch besaß das Heiligtum, trotz wiederholter Überfälle durch Piraten, keine Mauer. Wahrscheinlich war die Ausdehnung des heiligen Bezirkes durch Grenzsteine und den in den Quellen erwähnten heiligen Hain aus Eschen gekennzeichnet. Östlich des Torbaus liegt eine nach Süden offene 8 m breite Exedra, im Westen des so genannten Spolienbaus möglicherweise eine Art Torheiligtum oder aber eine Kollonadenanlage, die für Verkauf von Devotionalien und Souvenirs genutzt wurde. Folgt man dem Prozessionsweg weiter nach Norden vorbei an einer Reihe von Ehrenmonumenten vor allem aus dem 1. Jh. v. Chr., betritt man den offenen Altarplatz vor dem Apollontempel. Im Osten des Platzes befand sich der in hellenistischer Zeit erbaute Altar. Der heute sichtbare Apollontempel erhob sich auf einem ca. 26 m × 46 m großen fünfstufigen Unterbau und war ein dorischer *peripteros* (Ringhallentempel) – im ansonsten weitgehend durch die ionische Ordnung geprägten Kleinasien eine eher ungewöhnliche Tempelform.

Der Bau aus dem 3. Jh. v. Chr. war vermutlich wie der Tempel von Didyma ein *hypätraler* (dachloser) Bau mit einem kleinen, die heilige Quelle schützenden *naiskos* (Kultbau). Im *pronaos* (Vorraum) führen im Norden und Süden je drei Stufen in ein unterirdisches Kammersystem, dessen heute sichtbare Gewölbestruktur aus dem späten 1. Jh. v. Chr. stammt. Die 1 m breiten und 2 m hohen im Dunkeln liegenden Gänge winden sich labyrinthartig durch das Kellergeschoss bis sie in einer Sackgasse enden. Kurz vor deren Ende führen schmale Durchgänge in eine Gewölbekammer, die direkt unter der in der Tempelcella aufgestellten Statue des Apollon lag. Eine Tür führt in der Mitte der Westseitenwand in einen zweiten überwölbten Raum, in dem vermutlich die heilige Quelle in einem heute noch sichtbaren Becken aufgefangen wurde. Eine niedrige Bank auf der Westseite diente vermutlich dem weissagenden Priester als Sitz (Abb. 8).

Auch in Klaros erlangte der Priester seine mantischen Fähigkeiten, indem er von dem Wasser der Quelle trank. Einst soll hier Manto, die Tochter des homerischen Sehers Teiresias, so lange um ihre Heimat geweint haben, bis aus ihren Tränen eine Quelle entsprang. Tacitus erwähnt im Zusammenhang mit der Befragung des Germanicus, dass in Klaros ein Priester weissagte, der, eigentlich des Schreibens und der Dichtkunst unkundig, durch das Trinken des geheimen Quellwassers plötzlich in Versen antwortete. Bevor er in die Höhle hinabstieg, erbat er sich nicht etwa eine Frage an den Gott, sondern wollte allein die Anzahl der Anwesenden wissen (Tac. 2,5). Plinius der Ältere fügte noch hinzu, dass das Wasser zwar prophetische Fähigkeiten verleihen konnte, jedoch auch das Leben des Trinkenden verkürzte (Plin. nat. 2,232). Wie wir später noch am Beispiel des Trophoniosorakels von Lebadeia sehen werden, scheint ein Orakel gerade in römischer Zeit umso populärer zu sein, je mysteriöser die Geschichten waren, die sich um seine Konsultation rankten.

Wie beliebt Klaros gerade in der Zeit nach dem Besuch durch den Kaiser Hadrian gewesen sein muss, zeigen nicht nur die vielen Inschriften und Graffiti, die sich auf jeder freien Fläche im Heiligtum nachweisen lassen, sondern auch die vielen klarischen Orakelsprüche, die sich an prominenten Plätzen im ganzen Römischen Reich finden. Verschiedene Städte hatten sich mit Fragen an den klarischen Apoll gewandt und die Antworttafeln, die von den Gesandtschaften zurückgebracht wurden, wurden für jeden sichtbar auf der *agora* angebracht. Viele dieser Inschriften betreffen die so genannte Antoninische Pest, die der römische Feldherr Lucius Verus in der zweiten Hälfte des 2. Jhs. n. Chr. auf seinem Rückzug aus dem Orient über das Römische Reich, vor allem aber über die kleinasiatischen Städte brachte. Hierbei handelte es sich vermutlich um einen Ausbruch von Pocken, denn die Symptome, die der römische Mediziner Galen beschreibt (Fieber, Hautrötung, Pusteln), entsprechen genau dem heutigen Bild der Krankheit. Apollon war neben seiner Rolle als Orakelgott auch derjenige der olympischen Götter, der durch seine Pfeile die Pest zu den Menschen sandte – wen anders also sollte man nach einer Heilung fragen? Seine Antworten enthielten in der Regel Befehle, bestimmte Opfer durchzuführen oder Weihungen zu spenden. So sollten die Einwohner der Stadt Syedra in Pamphylien „ein Bildnis des blutriefenden, Männer schlachtenden Ares aufstellen … der in den eisernen Fesseln des Hermes liegt. Auf der anderen Seite soll Justicia ihm Recht sprechen … dann wird er eurem Land Friede bringen, wie ihr es erbittet". Den Gesandten aus Hierapolis (Pamukkale) befahl er gleich einen ganzen Chor

*Abb. 8: Klaros. Gewölbekeller.*

mit weiteren Opfern nach Klaros zu schicken. Indem die Städte diesen Forderungen nachkamen, hofften sie den, wie sie glaubten, erzürnten Gott zu besänftigen und ihn so zur Beendigung der Epidemie zu bewegen. Apollon aber ließ sich lange bitten. Fast ein Viertel Jahrhundert wütete die Seuche und hinterließ eine Spur der Verwüstung, von der sich das Römische Reich nie ganz erholen sollte.

## Weitere Apollonorakel

Spätestens seit hellenistischer Zeit war Apollon als Orakelgott so populär geworden, dass er die meisten älteren Orakelgötter aus ihren Heiligtümern verdrängt hatte. Nicht immer vollzog sich die Übernahme, wie etwa in Ptoion, mit gegenseitigem Einvernehmen. So berichten schon die homerischen Hymnen, dass Apollon auf der Suche nach einem geeigneten Orakelplatz die Quelle der Nymphe Telphousa in Böotien entdeckte. Da diese nicht teilen wollte, schickte sie ihn mit schmeichelnden Worten nach Krisa (Delphi) weiter. Als Apollon dort jedoch sein Heiligtum vollendet hatte, kehrte er zurück, verjagte die Nymphe, verschüttete die Quelle und ließ einen Altar und einen Tempel in ihrem Hain errichten (Hom. h. 3,244–276 und 375–387). Auch in Argos löste Apollon vermutlich die weit ältere Erdgöttin Gaia als Orakelgeberin ab. Das Heiligtum des Apollon Pythaeus lag mitten auf der Akropolis der Stadt. Auch wenn das Heiligtum an den Ruhm der großen apollinischen Orakel nie heranreichte – eine Anfrage an den Gott war hier bequem an einem Tag bzw. in einer Nacht zu erledigen, lange Pilgerreisen durch unwirtliches Gelände wie nach Delphi oder gefährliche Meerespassagen wie nach Didyma waren so vermeidbar. Pausanias erklärt sich den Namenszusatz Pythaeus einerseits mit der Verbindung nach Delphi, andererseits mit der Gründung des Heiligtums durch den Heros Pythaeus, einem Sohn Apollons, dessen Heiligtum ganz in der Nähe lag (Paus. 24,1). Eine Priesterin erteilte einmal im Monat in der Nacht Orakel, nachdem sie vom Blut eines Opfertieres getrunken hatte und danach vom Gott besessen war. Zwei Stelen, die im Heiligtum gefunden wurden, verweisen außerdem auf zwei *promantis*, männliche Priester, die die Worte der Prophetin in Verse fassten bzw. an die Fragesteller übermittelten. Das Trinken von Blut ist ein sehr archaisches Ritual und im Zusammenhang mit Orakeln ungewöhnlich. Es gibt nur einen einzigen weiteren Fall in der Antike: das Gaiaorakel von Aegeira im Norden der Peleponnes. Hier soll eine jungfräuliche Priesterin geweissagt haben, die von dem Blut eines frisch geopferten Stieres getrunken hatte, bevor sie in eine Höhle hinabstieg, um dort das Orakel zu geben (Plin. nat. 28,41). Auch im Apollonheiligtum von Argos fanden die Archäologen eine Inschrift aus dem 4./3. Jh. v. Chr., die die Weihung eines Omphalos an Gaia befiehlt und damit auf eine ältere Beziehung der Göttin zum Orakel hinweist.

Die Installation eines apollinischen Orakels innerhalb eines bereits etablierten Heiligtums hatte aber nicht nur religionspolitische Hintergründe. Mit einem Orakel ließ sich zudem viel Geld verdienen – und da Apollon sich schon bald als allwissend etabliert hatte, nutzten nun auch zahlreiche seiner eigenen Heiligtümer die Gelegenheit, ihre Tempelkasse aufzubessern. Zwar konnten auch diese Orakelstätten in ihrer Berühmtheit nicht annähernd mit Delphi oder Didyma konkurrieren, doch Bedarf an göttlichen Weissagungen gab es immer und überall. So erscheint es nur natürlich, dass auch das wichtigste Apollonheiligtum der griechischen Welt auf der heiligen Insel Delos ein Orakel besaß (Hom. h. 79,87,131), wo schon Aeneas auf seiner Irrfahrt den Gott befragt haben soll (Ov. met. 13, 623–704). Auch dem Apollonheiligtum von Rhodos gliederte man ein Orakel an. Die vielen Seeleute, die die Insel und das Heiligtum besuchten, galten schon in der Antike als besonders abergläubisch und waren nicht zuletzt aufgrund ihres gefährlichen Berufes immer auf göttlichen Beistand bedacht. Der Tempel war zudem Apollon Pytheus geweiht, um seine Beziehung zum delphischen Mutterheiligtum deutlich zu machen.

Auch Patara, an der Küste Lykiens, war eine von Seeleuten viel besuchte Hafenstadt mit einem Apollontempel mitten im Zentrum. Schon Herodot berichtet, dass es „auch in Patara eine Frau ist, die das Sprachrohr des Gottes ist. Jedes Mal, wenn das Orakel in Funktion ist … wird sie mit dem Gott im Tempel über Nacht eingeschlossen" (Hdt. 1,182). Interessanterweise weissagte das Orakel nur im Winter, wenn der Betrieb in Delphi geschlossen hatte. In Sarpedon, an der Küste Kilikiens übernahm Apollon das Heilorakel des dortigen Heros Sarpedon. Dessen Tempel befand sich in einer der vielen Karsthöhlen in der Nähe des Kap Sarpedon (heute Incekum Burun), etwa 8 km südlich der antiken Siedlung Seleukia. Die antiken Quellen berichten von einem großen Temenos, der viele Menschen gleichzeitig fassen konnte. Archäologische Feldbegehungen in diesem Gebiet konnten bis heute jedoch keine Überreste zutage führen. Zosimus berichtet, dass „Apollon Sarpedonius von Seleucia in Kilikien in einfachen homerischen Hexametern antwortet. Priester gaben die Antwort weiter. Er rettete die Stadt einst vor einer Heuschreckenplage, indem er Vögel sandte, die in der Nähe des Tempels am Kap Sarpedon lebten" (Zos. 1,57,2–4). Außerdem soll Kaiser Aurelian das Orakel vermutlich vor der Expedition gegen Palmyra ca. 270 n. Chr. befragt haben. In spätantiker Zeit musste auch Apollon das Heiligtum räumen. Im 5. Jh. n. Chr. übernahm der Kult der christlichen Märtyrerin Thekla den Kultort und machte ihn als Heilheiligtum zu einem der führenden Pilgerzentren ihrer Zeit.

Nicht weit von Seleukia und ebenfalls vom Meer aus gut zu erreichen lag das Apollonorakel von Sura. Noch heute kann man die Grundmauern des Tempels am Ende einer versandeten Bucht unweit der Stadt Myra erkennen. In der Antike lag der Bau umgeben von einem kleinen Hain direkt auf der Mole des kleinen Hafens. Neben dem Tempel befand sich ein kleiner Meerwasserpool mit einer unter dem Meeresspiegel liegenden Quelle, die an der Wasseroberfläche einen Strudel bildete. Über das ungewöhnliche Befragungsritual steht geschrieben: „So kommen die, die das Orakel befragen mit 2 Holzspießen, mit je 10 gebratenen Fleischstücken. Und der Priester lässt sich schweigend beim Hain nieder, während der Orakelsuchende die Stäbe in den Strudel wirft. Nach dem Einwurf füllt sich der Strudel mit Meerwasser und es stellen sich Fische ein. Wenn der Prophet die Fischarten vermeldet hat, bekommt der Orakelsuchende vom Priester die entsprechende Auskunft in seinem Anliegen" (Ath. Deipnosophistai 8,333d–f). Das Halten von heiligen, teilweise prachtvoll geschmückten Fischen war dabei vor allem in kleinasiatischen Heiligtümern nicht ungewöhnlich. Das berühmte Heiligtum der syrischen Göttin in Hierapolis besaß einen See mit heiligen Fischen. Im karischen Zeusheiligtum von Labraunda wurden Fische in einem heiligen Becken unweit des Tempels gehalten, die laut Plinius sogar goldene Ohrringe trugen (Plin. nat. 32,16).

# Der Baum der Weisheit

## Das Zeusorakel von Dodona

„Zeus von Dodona, Pelasgischer Herr, der du wohnst in der Ferne, wo du das winterliche rauhe Dodona regierst, von den Selloi, deinen Priestern, umlagert mit ungewaschenen Füßen“ (Hom. Il. 16,233–235). Mit diesen Worten ruft Achilleus den Göttervater aus dem fernen Troja zur Hilfe und wendet sich damit an eines der ältesten Orakel der griechischen Antike: das Baumorakel des Zeus in Dodona im nordwestgriechischen Epirus.

In dieser fern von allen kulturellen Zentren Griechenlands gelegenen Gegend soll Zeus seinen Willen zuerst durch das Rauschen der Blätter einer ihm geheiligten Eiche kundgetan haben. Erst später wurden auch das Flugverhalten und die Laute der hier ansässigen heiligen Tauben interpretiert. Während die erwähnten *selloi* als vermutlich niedere Priesterkaste die alltäglichen Dienste im Heiligtum verrichteten, waren es spätestens seit klassischer Zeit zwei weibliche Priesterinnen, die für die Orakelantwort zuständig waren. Herodot zufolge sollen sie die Nachfolgerinnen zweier ägyptischer Priesterinnen gewesen sein, die von Phöniziern aus Theben entführt worden waren. Eine der beiden verkauften sie in die Oase von Siwa, wo sie das Orakel des Amun begründete, die andere nach Dodona, um dort im Zeusheiligtum weiszusagen (Hdt. 2,54–57).

Archäologische Ausgrabungen förderten noch eine weitere Besonderheit Dodonas zutage: über 1000 rechteckige Inschriftentäfelchen aus Blei von etwa einheitlicher Größe (7,5 cm × 2,5 cm), von denen die frühesten aus dem 6. Jh. v. Chr. stammen. Bisher wurden nur etwa 200 von ihnen entziffert, doch handelt es sich bei allen dieser Inschriften um Anfragen an das dodonäische Orakel. Während die Frage auf die Vorderseite eingeritzt wurde, befindet sich auf der Rückseite oder am unteren Rand die Antwort, die der Einfachheit halber lediglich aus ja oder nein bestand. Vermutlich wurden sie in einer Vase versiegelt und den Priestern übergeben, die die Frage der Eiche vorlegten und die Antwort auf demselben Täfelchen vermerkten. Der formelhafte Stil dieser Fragen könnte aber auch auf ein Losorakel hinweisen. Doch die Tafeln verraten noch mehr: Fast alle der Fragesteller waren männlich und kamen aus allen Teilen Griechenlands, wenn auch die umliegenden Dörfer zahlenmäßig häufiger vertreten sind. Der Inhalt der Fragen war in der Regel privater Natur. Es geht um familiäre, gesundheitliche oder geschäftliche Probleme, wie „Soll ich eine Reise machen?“, „Soll ich heiraten?“ oder „Werde ich Kinder haben?“. Zwar wurden auch andere Götter wie Dione, Aphrodite, Poseidon oder Athena angerufen, Zeus aber war und blieb der dominierende Orakelgott in Dodona. Wie aber kam gerade der Göttervater zu einem Orakel?

Obwohl Zeus einer der meist verehrtesten Götter der antiken Welt war und obwohl seine Rolle als überparteilicher Rechtsprecher ihn auf den ersten Blick als Orakel- bzw. Entscheidungstreffer geradezu ideal erscheinen lässt, gilt er als eher zweitrangiger Orakelgott, denn die Übermittlung seines Willen hatte er, wie wir bereits gesehen haben, an seinen Sohn Apollon weitergegeben. Lediglich in einigen älteren Orakelstätten gab er noch selbst den Ton an. Außer in Dodona lasen in vorhellenistischer Zeit die Priester in Olympia Zeus' Antworten aus den Flammen des großen Aschealtars. Doch war dieser Kult in römischer Zeit durch den Trubel der olympischen Wettspiele schon lange verdrängt worden.

Hesiod (geb. vor 700 v. Chr.) und Homer beschreiben Zeus als Sohn des Kronos und der Rhea, den eine List seiner Mutter vor dem Tod durch seinen Vater bewahrte. Seine Rolle als Herrscher über die übrigen Götter des Olymp erhielt er durch den Sieg im Kampf gegen die Titanen (Hes. Theog. 453–506). Ein zeusähnlicher Gott existierte jedoch schon lange, bevor die beiden Autoren ihre Werke verfassten. Zu dieser frühen Zeit war Zeus vor allem verantwortlich für den fruchtbarkeitsbringenden Regen, aber auch für verheerende Unwetter. In den späteren Mythen spiegelt sich diese Rolle in seiner Herrschaft über den Himmel wider, der ihm durch das Los als dritter Anteil des Universums zugewiesen worden war. Seine Brüder Hades und Poseidon erhielten die Unterwelt und das Meer. Dieser Zeus wurde vor allem in der freien Natur und besonders in Verbindung mit Bergheiligtümern, wie dem Lykaion in Arkadien, dem Oros von Aigina oder seinem mythologischen Geburtsort, dem Idagebirge auf Kreta, verehrt. Parallelen finden sich in allen Teilen der damaligen Welt – sowohl in den indogermanischen Göttern, wie dem nordischen Odin, dem keltischen Taranis und dem slawischen Perun, als auch in den uralten Wettergöttern im südöstlichen Mittelmeerraum, dem hethitischen Teshub oder dem ugaritischen Baal. Letzterer besaß ein Bergheiligtum auf dem Berg Kasios im Norden Syriens nahe des Flusses Orontes. Im 3. Jh. v. Chr. wurde dieser Kult durch den Diadochenherrscher Seleukos I. hellenisiert und dem Zeus Kasios gewidmet. Auch dieser Kult besaß ein Orakel und Seleukos befragte den Gott nach einem günstigen Gründungsort für eine neue Stadt. Als Antwort erschien ihm ein Adler, der einen Fleischbrocken vom Altar nahm und ihn an der Stelle der späteren Siedlung Seleukia fallen ließ (Malalas, Chronographia 199). Etwa drei Jahrhunderte später demonstrierte der Wettergott dem römischen Kaiser Hadrian an demselben Ort seine Macht. Als dieser der Legende nach dem Gott bei Sonnenaufgang ein Tier opferte, sandte Zeus ein plötzliches Gewitter, dessen Blitze nicht nur das Opfertier, sondern auch den opfernden Priester töteten, Hadrian selbst aber verschonten (Ps. Spartianus, Hist. Aug. Hadr. 14,3). Auch in Griechenland wurden Unwetter und andere Wetterzeichen, wie die Wolkenformationen, die um die Gipfel der von Zeus bewohnten Berge lagerten, von den umliegenden Bauern und Viehhirten als „von Zeus gesandt" gedeutet (Theophr. 51), wenn auch nicht in einem speziell dafür errichteten Heiligtum.

Das Orakel von Dodona lag, wenn auch nicht auf einem Berggipfel, so aber auf einer Hochebene zwischen der Bergkette Agios Nikolaos Manoliasas im Osten und des Tomaros-Gebirges im Westen. Hier entlang führten schon früh wichtige Handelsrouten, die Griechenland mit dem Norden verbanden und Menschen aus allen Teilen der antiken Welt in dieses Gebiet brachten. Die hier gefundenen Weihgeschenke an den Gott stammen daher auch aus allen Teilen des Mittelmeergebietes bis hin nach Sizilien und sind von unerwartet hoher künstlerischer Qualität. Erste architektonische Überreste stammen den Archäologen zufolge bereits aus der späten Bronzezeit (um 1400 v. Chr.). Wie immer jedoch ist das Schicksal des Kultes in der darauffolgenden Zeit, den so genannten *Dark Ages*, umstritten. Einerseits fehlen jegliche archäologische Funde aus den Jahren zwischen etwa 1200 und 700 v. Chr., andererseits wurde das Heiligtum schon in den homerischen Epen als altetabliert bezeichnet. Wie alt das Orakel auch gewesen sein mag, bis etwa 400 v. Chr. scheint die heilige Eiche des Zeus das einzig unverrückbare Element des Kultortes gewesen zu sein (Abb. 9). Zu dieser Zeit übernahmen die Molosser die Herrschaft über Epirus. Dodona wurde zum politischen und kulturellen Mittelpunkt bestimmt. Hier traf sich auch der epirotische Bund, ein politischer Zusammenschluss der in Epirus ansässigen Stämme, um ihre Verträge auszuhandeln und gemeinsame Ziele zu beschließen. Und hier fanden alle fünf Jahre die so genannten Naia-Spiele statt, die Tausende von Pilgern und Teilnehmern anlockten. Ein solch wichtiges politisches Zentrum verlangte natürlich nach einer entsprechend eindrucksvollen Architektur. Da die heilige Eiche als Zentrum des Orakelkultes allein wegen ihrer Größe schlecht in einen Tempel integriert werden konnte, errichtete man neben dem Baum zunächst einen *naiskos* (kleiner Tempel), möglicherweise zur Unterbringung der Kultstatue und der wertvollsten Weihgeschenke. Wenig später wurden Baum und *naiskos* zunächst von einer Mauer dann von einer dreiseitige ionische Säulenhalle umschlossen. An der Südostseite des nun vergrößerten Temenos (20,80 m × 19,20 m) befand sich ein monumentales Portal, das bei geöffneten Türen den Blick auf die Eiche und den nun in der Nordwestkolonade integrierten *naiskos* zuließ.

Zur selben Zeit wurden weitere Bauten in der Nähe des Zeusheiligtums errichtet: ein Sandsteintempel, der möglicherweise der dodonäischen Zeusgattin Dione geweiht war, ein weiterer Sandsteinbau, der einer Inschrift zufolge Themis zugeschrieben wird, ein Tempel für Aphrodite (?) und ein weiterer für Herakles (?) unter den Resten einer in byzantinischer Zeit errichteten Basilika. Der epirotische Bund traf sich in einem östlich der Eiche

*Abb. 9: Dodona. Heilige Eiche.*

erbauten *bouleuterion* (Versammlungshaus), in dessen Mitte man einen Altar für Zeus Naios, Dione und Zeus Bouleios fand. Ein weiterer Bau im Süden diente zur Unterbringung und Verpflegung der offiziellen Gesandten und wohlhabenden Orakelklienten. Mehrere Säulenhallen und Gebäudereste in entfernteren Teilen des Temenos könnten einem ähnlichen Zweck für die weniger betuchten Gäste gedient haben. Für die musischen Festspiele zu Ehren des dodonäischen Zeus wurde zudem im Osten des *bouleuterions* ein großes Theater errichtet, das etwa 18 000 Zuschauern Platz bot. Die athletischen Wettkämpfe fanden dagegen im 250 m außerhalb des Heiligtums erbauten Stadion statt. Schließlich wurde das gesamte Heiligtum von einer großen Temenosmauer umschlossen und mit Türmen gegen Angreifer geschützt – mit nur mäßigen Erfolg, wie die Geschichte zeigt. 219 v. Chr. wurde das Heiligtum zunächst durch die Aitoloi zerstört, jedoch von Philipp V. wieder aufgebaut. Doch schon 167 v. Chr. überrannten die Römer Dodona. Diesmal blieb zum Wiederaufbau keine Zeit. Während des Ersten Mithridatischen Krieges wurde der Ort 86 v. Chr. erneut – diesmal von den Thrakern – zerstört. Strabo schrieb nur wenig später, dass das Heiligtum fast gänzlich verschwunden sei (Strab. 7,7,10). Zurück blieb nur noch der Ruhm von einst. Zwar bestand der Kult der heiligen Eiche und auch das Orakel selbst bis ins 4. Jh. n. Chr. und auch die graecophilen Kaiser Hadrian und Julian besuchten die vielbesungene Stätte 132 bzw. 362 n. Chr., doch der einstige wirtschaftliche Erfolg blieb aus. Mit dem Edikt des Kaisers Theodosius wurde schließlich auch das Orakel von Dodona geschlossen.

Allein die heilige Eiche und ihr Orakel blieben von all dem relativ unbeeindruckt. Wir wissen nicht, ob der Baum die zahlreichen Plünderungen und Brandschatzungen unbeschadet überstanden hat, doch ist es unwahrscheinlich, dass es ein einziger Baum war, der in Dodonas mehr als 1000-jährigen Geschichte geweissagt haben soll. Wissenschaftler schätzen, dass der erste Baum möglicherweise bereits um 1400 v. Chr. verehrt wurde. Um 800 v. Chr. wurde ein neuer Baum gepflanzt, ein weiterer möglicherweise um 200 v. Chr. Mit der Schließung des Heiligtums wurde dieser durch Christen demonstrativ gefällt. Die Mönche, die im 5. Jh. n. Chr. auf den Überresten des Heiligtums ihre Basilika errichteten, vernichteten die allerletzten Reste des heiligen Baumes schließlich so gründlich, dass metertiefe Grabungen im Temenos des Zeus bis heute keinen einzigen Wurzelrest zutage fördern konnten. Woher aber kam der Brauch einer sprechenden Eiche?

Tatsächlich ist die Eiche als heiliger Baum in der griechischen Mythologie weit verbreitet. Auch im Zeusheiligtum auf dem Berg Lykaios wurde ein Zweig der heiligen Eiche in Wasser getaucht, um mit Hilfe eines Zaubers Regen herbeizurufen (Paus. 8,38,4). Die Eichen desselben Heiligtums waren zudem Schauplatz eines nicht weniger geheimnisvollen Rituals, bei dem diejenigen, die unter dem Banne des Zeus zu Werwölfen geworden waren, ihre Kleider in die Zweige der heiligen Bäume hängten (Plin nat. 8,81). Aufgrund der großen Bedeutung des Baumkultes in römischen und keltischen Kulturen, vermuten einige Forscher für den Kult der dodonäische Eiche jedoch indogermanische Kultursprünge. So erwähnt der römische Schriftsteller Maximus von Tyrins, dass die Kelten Zeus und die mit ihm verbundene heilige Eiche verehrten (Max. Tyr. Philosophoumena 8.). Archäologische Funde in Frankreich und in der Tschechoslowakei weisen ebenfalls auf Kultstätten in Verbindung mit einer Art heiligem Hain hin. Keine dieser Quelle erwähnt jedoch irgendeine Form der Divination in Zusammenhang mit einem einzelnen Baum. Genauso wenig werden die ungewöhnlichen Propheten der Eiche, die *selloi*, außerhalb von Dodona erwähnt. Die divinatorischen Fähigkeiten der dodonäischen Eiche scheinen demnach für die Antike einzigartig gewesen zu sein.

## Dem Tod ins Auge sehen

### Totenorakel und *plutonia* in Griechenland und Kleinasien

Tagelang hatte der grausame Tyrann Periandros von Korinth nach einem wertvollen Pfand, das ein Gastfreund bei ihm hinterlegt hatte, suchen lassen – ohne Ergebnis. Nun fragte er nicht etwa einen der olympischen Orakelgötter um Rat – viel naheliegender bei dieser Art Probleme wandte er sich an die Herrin des Haushaltes, seine Frau Melissa. Diese war zwar schon vor einiger Zeit verstorben, doch über ein so genanntes *nekuomanteion* (Totenorakel) konnte man im antiken Griechenland mit jedem beliebigen Verstorbenen Kontakt aufnehmen und ihn um Hilfe bitten. Periandros schickte also einen Boten nach Ephyra, dem berühmtesten Totenorakel von Griechenland, in dem schon Odysseus den Seher Teiresias von den Toten zurückgerufen hatte, um ihn nach dem Weg nach Ithaka zu fragen (Hom. Od. 10,515–539). Doch die zu Lebzeiten missachtete Gattin weigerte sich zu antworten. Sie fröre, ließ sie durch den Boten ausrichten, weil sie unstandesgemäß ohne Kleider bestattet worden wäre. „Als Beweis dafür, dass sie die Wahrheit sage, aber erinnerte sie Periandros daran, dass er die Brote in einen kalten Ofen geschoben hätte." Als der Bote mit dieser Nachricht vor den Tyrannen trat, „überzeugte ihn das Zeichen sofort, denn nur er wusste, dass er sich mit der schon entseelten Melissa begattet hatte". Sofort ließ er alle Frauen der Stadt in den Tempel der Hera rufen und weil diese ein prunkvolles Fest vermuteten, kamen sie in ihren schönsten Kleidern. „Er aber stellte seine Leibwächter auf die Lauer, die allen Frauen, freien so gut wie Dienerinnen, die Kleider ausziehen mussten. Die Gewänder wurden in eine Grube getan und unter Anrufung der Melissa verbrannt. Nun sandte er zum zweiten Mal nach Ephyra und jetzt sagte der Schatten seiner Frau, wohin sie das anvertraute Geld seines Gastfreundes gelegt hatte" (Hdt. 5,92).

## Griechische Totenorakel oder wo befragt man einen Toten?

Auf den ersten Blick erscheint die von Periandros gewählte Orakelmethode außerordentlich praktisch: Man konnte mit jeder beliebigen Person in Kontakt treten, ohne die störende und zum Teil unverständliche Vermittlung durch einen Priester oder Medium dabei zu haben. Dennoch war sie mit beträchtlichem Aufwand verbunden. Homer erzählt, dass die Hexe Kirke Odysseus anweist, in das Land der Nacht zu reisen und dort am Felsen beim Zusammenfluss von Styx und Acheron mit seinem Schwert eine Grube zu graben, ein Opfer aus Gerste, Honig, Wein und Wasser hineinzugießen, die Toten sowie Hades und Persephone anzurufen und schließlich zwei Schafe zu opfern, deren Blut er mit abgewandten Blick ebenfalls in der Grube sammeln solle. Danach müsse er sein Schwert bereithalten, denn es galt von all den blutdürstigen heraufsteigenden Toten nur Teiresias an die Grube heranzulassen (Abb. 10). Allein diese Beschreibung reicht aus, um zu verstehen, warum Periandros nicht selbst nach Ephyra ging, um seine verstorbene Frau zu treffen, sondern lieber einen Boten schickte. Überhaupt scheinen Totenorakel als eindrucksvoll schaurige Kulisse in der griechischen Mythologie zwar häufig vertreten zu sein – auch Aeneas opferte einen schwarzen Widder, bevor er das Orakel befragte, und Vergil zufolge fand das Ritual in der Dunkelheit der Nacht statt, da gegen Morgen die Geister der Toten zurück in die Unterwelt flohen (Verg. Aen. 5,721) –, die Suche nach archäologischen Beweisen aber gestaltet sich als äußerst schwierig.

Mitte des letzten Jahrhunderts etwa untersuchte der griechische Archäologe S. Dakaris die Gewölbekammern unter dem Johanniskloster nahe des heutigen Mesopotamon im Norden Griechenlands. Tatsächlich fanden sich unter der Klosteranlage mehrere polygonale mehr als 3 m dicke Mauern, die einen quadratischen (62 m × 46 m) Bau umschlossen. Über einen Hof mit mehreren angrenzenden Kammern betrat man durch eine Tür einen vermutlich im Dunkeln liegenden Gang, an dessen Nordseite sich weitere Kammern mit Wasserbecken und Herdstellen befanden. Nach mehreren labyrinthartigen Windungen mündet er in dem eigentlichen Hauptraum, von dem man über eine schmale Treppe in eine darunterliegende, in den Fels gegrabene gewölbte Krypta gelangt. Neben dem Hauptraum befinden sich Kammern mit Vorratsgefäßen, in denen Nahrungsmittel, wie Bohnen oder Getreide, gefunden wurden, sowie mehrere vermutlich landwirtschaftlich zu nutzende Geräte. Der nördliche Bereich der Anlage wurde nicht ergraben, da darüber die Hauptkirche des Klosters lag. Dakaris war jedoch begeistert und glaubte hier das berühmte Totenorakel von Epirus gefunden zu haben. Bestärkt wurde seine These durch den Fund mehrerer Terrakottastatuetten aus dem 7. bis 5. Jh. v. Chr., die allesamt Persephone darstellten – die Göttin der Unterwelt. In kürzester Zeit rekonstruierte der Archäologe in dieser in hellenistische Zeit zu datierenden Anlage eine komplizierte, auf der homerischen Totenbefragung und den wenigen Funden basierende Abfolge verschiedener Rituale, die im unterirdischen Gewölbekeller gipfelten, wo dem Klienten durch die Priester ein regelrechtes Totentheater vorgespielt worden sein soll.

Zugegeben, die Stimmung in diesem Gewölbe ist in der Tat unheimlich und die Rekonstruktion durchaus nachvollziehbar, doch fehlen dieser Anlage so entscheidende kultische Elemente wie ein Altar. Zudem ist es unwahrscheinlich, dass die Priesterschaft ihre Vorräte und Gerätschaften unmittelbar neben der zentralen Kulthöhle aufbewahrte, die zudem nur durch den labyrinthartigen Gang erreicht werden konnte, der Dakaris zufolge allein für die Pilger vorgesehen war. Spätestens seit der nicht weniger detailgetreuen Rekonstruktion derselben Fundlage durch den deutschen Archäologen D. Baatz, der die Anlage als hellenistisches Wohngehöft deutete, muss daher von dieser These Abstand genommen werden. Das Totenorakel von Ephyra aber bleibt eines der bisher ungelösten Rätsel der Archäologie.

*Abb. 10: Teiresias und Odysseus, Heinrich Füseli (1741-1825). Museum Wales.*

Und auch die anderen drei der vier in der Antike bekannten Totenorakel sind in der Forschung nicht unumstritten. Das von Strabon und Vergil erwähnte Totenorakel am Averner See zwischen Neapel und dem antiken Kurort Baiae war schon zu Strabons Lebzeiten eine Legende, denn spätestens seit dem 1. Jh. v. Chr. war dieses Gebiet eines der dichtbesiedelsten der römischen Welt. Für einen Eingang zur Unterwelt blieb kein Platz mehr. Ein von amerikanischen Hobbyarchäologen in den 1950er Jahren entdecktes Totenorakel unter den großen Bädern von Baiae stellte sich daher schnell als Versorgungssystem für die in den Thermen arbeitenden Sklaven heraus. Ein weiteres *nekuomanteion* soll sich in Tainaron an der Spitze der südlichsten Halbinsel der Peloponnes beim heutigen Matapan befunden haben. In der tiefen gut geschützten, nahe gelegenen Psamathusbucht lag nicht nur eine ideale Anlegestelle für die Schifffahrt, sondern vor allem seit der Mitte des 4. Jhs. v. Chr. ein viel frequentierter Lager- und Rekrutierplatz für Söldner. Das Heiligtum selbst galt neben seiner Funktion als Totenorakel vor allem als wichtiges *asylum*, besonders für die Heloten des nördlich gelegenen Sparta. Die Männer wurden dabei dem Gott Poseidon geweiht, was als Befreiung von ihrem früheren Herren galt. Strabon zufolge soll hier eben jener Eingang zur Unterwelt gelegen haben, aus dem Herakles den Höllenhund Kerberus ans Tageslicht gezerrt hatte (Strab. 8,5,1). Dieser Ort befand sich direkt am Strand einer Bucht und inmitten eines heiligen Haines. Pausanias, der das Heiligtum ebenfalls besuchte, beschreibt oberhalb einer nur mäßig tiefen Orakelhöhle einen Tempel des Poseidon mit einer Statue des Gottes davor (Paus. 2,33). Welche der vielen Höhlen an der Küste der Halbinsel nun aber wirklich das Orakel beherbergte, ist umstritten. Fragt man einen der ansässigen Fischer, wird einem jeder von ihnen eine andere zeigen.

Eine vielversprechendere Entdeckung haben deutsche Archäologen dagegen auf einer Feldbegehung in der griechischen Kolonie Herakleia Pontica an der Südküste des Schwarzen Meeres gemacht. Das fruchtbare Gebiet war bereits durch die hier lebenden Mariandynoi besiedelt, die teilweise unterworfen bzw. versklavt wurden. Hohe Erträge in der Landwirtschaft und eine steigende Beteiligung im Schwarzmeerhandel führten bereits im 4. Jh. v. Chr. zu einer Blütezeit der Stadt. Xenophon erwähnte als Erster ein hier ansässiges Totenorakel, dessen Abstieg in die Höhle länger als zwei Stadien gewesen sein soll (Xen. An. 6,2,2). Apollonius von Rhodos beschrieb den Wald, der um die Höhle herum wuchs, als so dunkel, dass kein Sonnenstrahl jemals den Eingang derselben traf. Der römische Schriftsteller Quintus Smyrnaeus schrieb, dass es zwei Wege, einen Ein- und einen Ausgang gegeben habe. Auf dem einen betraten Besucher die Höhle, der andere führte weiter in den Hades hinunter. W. Hoepfner, der im Auftrag des Deutschen Archäologischen Instituts eine weiträumige Feldbegehung im Stadtgebiet Herakleias durchführte, lokalisierte das Totenorakel in einer Höhle etwa 700 m nördlich der antiken Stadt. Der Fluss, der unterhalb der Höhle fließt, wird auch heute noch als Acheron (Totenfluss) bezeichnet. Durch einen durch römische Bruchsteinmauern künstlich verengten Gang und über eine steile in den Fels geschlagene Wendeltreppe steigt man in eine etwa 20 m × 45 m große und etwa 7 m hohe Höhle. Zwei Felspfeiler scheinen die Decke zu stützen. In der Mitte befindet sich ein mehrere Meter tiefer See, der aufgrund der auf ihm liegenden Staubschicht vermutlich nicht mit einem unterirdischen Flusslauf verbunden ist. Die Wände zeigen Reste von Putz und mehrere

Nischen. Bisher wurden weder Inschriften noch Weihgaben gefunden, die auf eine eindeutige Zuweisung der Stätte hinweisen könnten. Genauso unklar ist bisher die Datierung der Bearbeitungen, doch ließe sich eine Totenbefragung in der hier gefundenen architektonisch veränderten Höhle durchaus glaubhaft rekonstruieren.

## Plutonia und Charoneia
## Eingänge zur Unterwelt in Asia Minor

Eine ganz ähnliche Form von Orakeln gab es auch im Tal des kleinasiatischen Maiandros (Großer Mäander) – wenn sie in der Antike auch nicht als *nekuomanteia,* sondern als *plutonia* oder *charoneia* bezeichnet wurden. Im porösen Kalkstein der Abhänge zu beiden Seiten des Flusses befinden sich zahlreiche Höhlen von denen viele auch heute noch z. B. als Unterstand für die Weidetiere genutzt werden. Die vielen Thermalquellen in diesem Gebiet weisen auf eine aktive seismische Tätigkeit hin und führen nicht selten zum Austritt verschiedener nicht immer gesundheitsfördernder Gase. Eben dieses Phänomen machten sich die *plutonia* zunutze. Wie der Name verrät, waren sie Pluto, dem römischen Gott der Unterwelt und des Überflusses, geweiht. Auch die *plutonia* beanspruchten das Privileg, an einem der vielen Aus- und Eingänge zur Unterwelt zu liegen. Die Höhlen am Großen Mäander mit ihren am Boden wabernden Dämpfen boten hierfür die perfekte Kulisse, die mit allerlei Mythen untermauert wurden. So beschreibt Strabon ein *charonium* mit einem Inkubationsorakel in einer Höhle namens Acharaka etwa 5 km westlich der antiken Stadt Nysa. Wegen seiner schwefelhaltigen Quellen als Heilstätte berühmt, gab es jährliche Feste, an denen ein Bulle in die von Dämpfen erfüllte Höhle geführt wurde und dort innerhalb kürzester Zeit erstickte. Nur die Priester und die von ihnen geweihten Kranken konnten hier überleben (Strab. 14,1,44). Manche von ihnen verbrachten gleich mehrere Tage liegend und in völliger Starre in der Höhle, bis sie von Pluto oder seiner Frau Kore einen Hinweis auf Heilung erhielten. Heute erinnern nur noch die schwefelgelbe Farbe am Ufer des kleinen Baches, der zu einer weitläufigen Höhle führt und die danebenliegenden schlecht ausgegrabenen Ruinen eines Tempels an die alte Kultstätte. Weit besser erhalten ist die wenige Kilometer östlich liegende antike Stadt Hierapolis. Hier, wo heute noch die Sinterterrassen des UNESCO-Weltkulturerbes von Pamukkale bestaunt werden können, befand sich in der Antike eine wohlhabende Metropole, deren Reichtum sich auf einen regen Wollfärberhandel stütze. Mitten im Zentrum der Stadt befand sich ein *plutonium*, in diesem Falle ein Kultort der alten phrygischen Göttin Magna Mater. Bezeichnenderweise lag es in einer Höhle direkt unter dem hellenistischen Apollontempel. Vor allem in römischer Zeit waren die spektakulären Orakel der Galloipriester berühmt, die angeblich als Einzige gegen die im Untergrund strömenden giftigen Dämpfe immun waren und von ihnen benommen wahrsagten (Plin nat. 2,207). Vögel und andere Tiere, die sie zum Beweis ihrer Fähigkeiten mit in die Höhle nahmen, verstarben sofort. Schon damals gab es jedoch auch Zweifler an dieser Begabung. Apuleius mutmaßte etwa, dass die Priester ihre Köpfe nach oben hielten, wenn sie die Höhle betraten und das Gas nur direkt über der Erde schwebte (Ap. de mundo 327). Andere glaubten, dass sie durch feuchte Tücher atmeten. Heute weiß man, dass dem unterirdischen Fluss, der hinter einer Trennwand im rückwärtigen Teil der Höhle fließt, immer noch verschiedene gesundheitsschädliche Gase, darunter Kohlenmonoxid entweichen. Der Zugang ist deshalb vor vielen Jahren vermauert worden.

## Hinab in die Tiefe – das Ritual

Der Zutritt zu den kleinasiatischen *plutonia* war also für Uneingeweihte strengstens verboten. Was aber erlebte ein Orakelklient in der Unterwelt der griechischen Totenorakel? Dies wiederum lässt sich am eindrücklichsten am Beispiel des Orakels des Heros Trophonios von Lebadeia erklären. Dem Mythos nach war dieser ein Architekt, der zusammen mit seinem Bruder Agamedes den ersten delphischen Tempel erbaut haben soll. Im Anschluss errichteten sie für den böotischen König Hyprieius eine Schatzkammer. Goldgierig wie sie aber waren, fügten sie einen Geheimgang hinzu, durch den sie später die Reichtümer stehlen wollten. Hyprieius jedoch wurde gewarnt und stellte den Dieben eine Falle, indem er eine Giftschlange in der Kammer aussetzen ließ. Agamedes wurde von dieser gebissen und starb auf der Stelle. Trophonios aber, der den Bruder nicht hinausschaffen konnte, aber auch nicht entdeckt werden wollte, schnitt diesem den Kopf ab und nahm ihn mit, damit der König nicht den Körper identifizieren konnte. Von Trauer und Wut getrieben floh Trophonios schließlich in die Höhle von Lebadeia und wurde nie wieder lebend gesehen. Als die Bewohner Lebadeias lange Zeit später von einer Seuche heimgesucht wurden, fragten sie das Orakel von Delphi um Rat. Die Antwort der Pythia lautete, dass ein ungenannter Heros verärgert sei, weil man ihn nicht entsprechend verehren würde. Lange suchten die Bürger vergebens nach dem Grab desselben, bis schließlich ein Schäferjunge auf der Suche nach Honig Bienen in eine Erdhöhle folgte. Hier fand er Trophonios, die Stadt errichtete ihm ein Heiligtum und besiegte mit seiner Hilfe die Seuche. Von da an kamen immer mehr Leute zum Heros, um sich von ihm Rat und Hilfe zu holen.

Auch in diesem in einer tiefen Schlucht nicht weit von Delphi entfernt gelegenen Orakel traf der Klient angeblich direkt und ohne Medium auf den Halbgott. Dieses Erlebnis galt dabei in der Antike als so eindrucksvoll und schrecklich, dass es zum einen nur Männern zuzumuten war und sich außerdem in Griechenland für einen ausgesprochen schlecht gelaunten Menschen die Bezeichnung einbürgerte, er „käme direkt von Trophonios". Die Kultstätte existierte schon im 5. Jh. v. Chr. und war im Gegensatz zu vielen anderen Orakeln Griechenlands auch noch in römischer Zeit beliebt. So kommt es, dass Pausanias sie im 2. Jh. n. Chr. mit aller Ausführlichkeit erwähnt: „Bei dem Orakel aber geschieht Folgendes: Wenn jemand hinabsteigen will in die Trophonioshöhle, verbringt er zunächst ein paar Tage in einer Herberge, … wo er die sonstigen Reinigungsvorschriften vollzieht, aber nicht warm baden darf, sondern im Fluss Herkyna badet … aber in der Nacht, in der der Betreffende hinabsteigt, in dieser opfern sie einen Widder über einer Grube … dann führen sie ihn in der Nacht an den Fluss. Dort salben und waschen ihn zwei dreizehnjährige Knaben, die Hermai … Dann muss er von dem so genannten Wasser des Vergessens trinken, damit er alles vergisst, was er bisher gedacht hatte, und danach trinkt er ein Wasser des Erinnerns, und davon erinnert er sich an das, was er gesehen hat, wenn er hinabgestiegen ist … nachdem er gebetet hat, geht er zur Orakelstätte, bekleidet mit einem leinenen Chiton und Binden und in einheimischen Sandalen. Die Orakelstätte befindet sich über dem Hain auf dem Berge. Eine Plattform aus Marmor ist ringsum gebaut in der Größe einer Tenne … Innerhalb des Bezirks befindet sich ein Erdschlund, der nicht einfach natürlich, sondern künstlich und sorgfältig erbaut ist … ungefähr in der Form eines Backofens … Eine Treppe zum Boden gibt es nicht. Wenn jemand zum Trophonios geht, bringt man ihm eine schmale Leiter. Wenn man hinabgestiegen ist, ist da ein Loch zwischen Boden und Bauwerk von einer Spanne Höhe. Der Hinabgestiegene legt sich auf den Boden, indem er Honigkuchen in der Hand hält, schiebt seine Füße in das Loch und folgt selber nach … Der übrige Körper wird dann sofort ergriffen und folgt den Füßen, wie der größte und reißendste Fluss einen vom Strudel erfassten Menschen verschlingt. Von da an ist für die, die in das Allerheiligste gelangt sind, die Art und Weise, wie sie die Zukunft erfahren, nicht ein und dieselbe, sondern der eine sieht, der andere hört" (Paus. 9,39). Die Orakelklienten erreichten die Oberfläche nach bis zu zwei Tagen durch dieselbe Öffnung durch die sie hineingekommen waren. Frevler, so erzählte man sich, kamen aus dieser Höhle nie wieder zurück und auch ehrbare Klienten erreichten die Oberfläche nicht selten vor Schrecken benommenen oder brachen kurz darauf ohnmächtig zusammen. Erneut wurde der so Gebeutelte daraufhin von der Priesterschaft in Empfang genommen und auf den so genannten Thron des Erinnerns gesetzt, mit dem Wasser des Erinnerns versorgt und von Priestern des Heiligtums befragt. Seine Antworten wurden aufgezeichnet und dem Betreffenden mit nach Hause gegeben oder aber wie auch in anderen Heiligtümern als Werbung für kommende Besucher auf Stelen vermerkt und innerhalb des heiligen Bezirkes ausgestellt. Die detaillierte Beschreibung Pausanias' weist darauf hin, dass der Schriftsteller vermutlich selbst das Orakel des Trophonios befragt hatte. Doch auch er verrät uns nichts über den direkten Kontakt mit dem Heros. Näheres erfahren wir allein bei Plutarch, der über Timarchos, einen Schüler des Sokrates, berichtet, dass dieser über zwei Nächte und einen Tag in der Orakelhöhle geblieben sein und sich die ganze Zeit über in der dort herrschenden absoluten Dunkelheit wie in einem Wachtraum gefühlt haben soll. Plötzlich war es ihm, als erhielte er einen gewaltigen Schlag auf den Kopf, die Nähte seiner Gehirnschale barsten und die Seele sei ihm aus dem Körper entwichen. Diese sei dann aufgestiegen und er habe eine wunderbare Landschaft gesehen und eine liebliche Stimme vernommen, die ihn nach seinem Wunsch fragte. Nachdem sie ihm seine Frage beantwortet hatte, erhielt Timarchos einen weiteren Schlag auf den Kopf, fiel in Bewusstlosigkeit und erwachte schließlich in der Nähe des Eingangs, wo er sich zuvor niedergelegt hatte (Plut. Mor. 7,46).

Gerade diese letzte Beschreibung bewegte einige Forscher dazu, das Erlebte mit einem durch Drogen induzierten Zustand zu vergleichen. Andere machen die Priester dafür verantwortlich, den Klienten im Vorfeld belauscht oder ausgefragt zu haben, um ihm in der Höhle dann ein regelrechtes Puppentheater mit einem als Gott verkleideten Priester inklusive aufwendigen Licht- und Toneffekten vorzuführen. Wahrscheinlicher ist es dagegen, dass der Mann durch die vielen psychischen wie physischen Einflüsse verwirrt, in der Dunkelheit der Höhle dem Gott ganz von allein in einer Art Wachtraum begegnete – ob ein Priester mit einem mehr oder weniger leichten Schlag auf dem Hinterkopf nachgeholfen hat, sei dahingestellt. Wie bei der Inkubation wurde der Orakelklient zunächst durch zum Teil tagelange Rituale auf das Ereignis vorbereitet. Auch seine von zu Hause mitgebrachte Erwartungshaltung, bestärkt durch die Erzählung der Mitpilger und die positiven Berichte auf den Stelen im Heiligtum, tat ihr Übriges.

Dabei scheint der Ort, an dem der zentrale Orakelvorgang stattfand, im Totenorakel noch wichtiger gewesen zu sein als im Inkubationsorakel. Beide Orakelmethoden sind autosuggestiv, kein Medium, wie etwa die delphische Pythia, vermittelte zwischen dem Gott und dem Fragesteller. Die natürliche wie architektonische Umgebung bot daher eine der wenigen, aber entscheidenden Möglichkeiten die individuelle Erfahrung des Klienten zu beeinflussen. Die meist dunklen, engen und durch ihre natürliche Formgebung unheimlich wirkenden Höhlen boten ideale Voraussetzungen, den Klienten auf das Ereignis einzustimmen. Und nicht ohne Hintergedanken wurden bestimmte Elemente in den Heiligtümer architektonisch besonders hervorgehoben. So wurde der Eingang zur Höhle von Herakleia durch einen Tunnelvorbau bewusst verengt, um einen Orakelklienten, der sich dort hindurchquetschten musste, ein Gefühl der Platzangst und Panik zu vermitteln. Auch der „Erdschlund" des Trophonios bekam einen angemessenen Überbau, so dass der Klient schon ins Ungewisse und Dunkle hinabsteigen musste, bevor er überhaupt „mit den Füßen voran" in die eigentliche Orakelhöhle gezogen wurde.

Nicht minder wichtig für die autosuggestive Methode des Totenorakels war schließlich auch hier die Nachbereitung des Orakelrituals. Auch im Totenorakel gab es die Möglichkeit das Erlebte mit dem Kultpersonal zu besprechen. Prinzipiell boten die Priester jedem Klienten ihre Dienste an, besonders für den Fall, dass er keine direkte oder nur eine unverständliche Antwort auf seine eingangs gestellte Frage erhalten hatte. Für den Fall des Trophoniosorakel von Lebadeia beschreibt Pausanias, dass der Klient unmittelbar nachdem er die Höhle verlassen hatte, auf den so genannten Thron des Erinnerns gesetzt wurde, wo er vom „Wasser des Erinnerns" trank und von den Priestern über das Erlebte befragt wurde. Erst dann wurde er seinen Angehörigen übergeben, die ihn zurück in die Herberge brachten und dort pflegen konnten, bis er das soeben Erlebte verarbeitet und sein Lachen wieder erlernt hatte.

## Im Schlaf geheilt

### Die Traumorakel des Asklepios und des Amphiaraios von Oropos

Schon immer hatte Apollon ein Problem: Obwohl zuständig für das „persönliche" Schicksal der Menschen, war er ein eher misanthropischer Gott. Schon in der *Ilias* bezeichnet er die Menschen herablassend gern als „jämmerlich" (Hom. Il. 21,466). Zudem war er für diese nur schwer verfügbar: Weder in seinem Orakel in Delphi noch auf Delos war er das ganze Jahr anwesend, sondern verweilte, wenn es ihm gefiel, weit entfernt in Lykien oder mythisch entrückt bei dem sagenhaften Nordvolk der Hyperboräer. Nur der *paian* (Kultlied) vermochte ihn herbeizurufen, zu besänftigen und – wenn er bei Laune war – zur Hilfe zu bewegen. Gerade aber in Krisensituationen, wie materieller Not, Verlust oder aber Krankheit, verlangte (und verlangt) der Mensch nach einem „persönlichen" Gott, an den er sich wenden konnte (und kann). Besonders für Heilungssuchende aber waren die Orakel die falsche Anlaufstätte. Ein Kranker brauchte konkrete und vor allem akute Hilfe und nicht die mystisch verschlüsselten Rätsel einer Pythia. Zwar war Apollon auch als Gott der Gesundheit bekannt, doch auch in seiner Rolle als jähzorniger, mit seinen Pfeilen die Pest verbreitender *hekatenólos* (Ferntreffer) war er für das Individuum alles andere als vertrauenerweckend. Hinzu kam, dass aus dem individuellen Bedürfnis bald ein kollektives wurde. Im Zuge der Gründung immer größerer staatlicher und städtischer Gemeinwesen wurde die Versorgung der Kranken zu einem politischen Problem, dass es von höchster Stelle zu lösen galt. Die „offiziellen" Stadtgottheiten aber waren hierfür viel zu beschäftigt.

## Von Helden und Heilern

Weit hilfsbereiter waren demgegenüber die antiken Heroen. Mit diesem Begriff wurden in der griechischen Antike übermenschliche Wesen bezeichnet, die zumindest in der Mythologie „real" existiert hatten (Amphiaraios) oder aber halb menschlich, halb göttlich waren (Asklepios, Herakles). Seit dem 5. Jh. v. Chr. konnten neben mythologischen auch historische Personen zum Heros mit einem entsprechenden Kult erhoben werden. Die Etymologie des Wortes Heros ist dabei umstritten. In der römischen Literatur wurden sie durchgehend als *diés* bezeichnet. Fast immer waren einem Heros eine Biographie und ein Grab bzw. ein prominenter Ort seiner Lebensgeschichte zugeordnet. Sie wurden daher auch als „chthonische" (erdverbundene) Götter bezeichnet, die nicht aus der Höhe, sondern aus der Erde zu den Menschen aufstiegen, um ihnen zu schaden oder aber Hilfe zu bringen. Bereits in der Bronzezeit kannte man einen Kult am Grab des Ahnen. Archäologisch werden einzelne Heroenkulte etwa seit dem 8. Jh. v. Chr. fassbar. Nur die von den Göttern abstammenden Helden, wie etwa Herakles oder Asklepios, wurden an mehreren Orten gleichzeitig verehrt. Dagegen war der Kult eines „historischen" Heros aufgrund seiner lokalen Beschränkung auf das Grab, in der Regel auf ein einziges Heiligtum fokussiert. Nicht selten wurden hierfür seit archaischer Zeit mykenische Grabhügel wiederverwendet (etwa das so genannte Pelopion von Olympia).

Gräber von Gründerheroen, die als wichtige Treffpunkte der lokalen Elite fungierten, lagen meistens innerhalb einer Stadt, in der Regel direkt auf der Agora. Andere *hereia*, denen eine eher apotropäische Funktion nachgesagt wurde, lagen häufig an deren Grenze. Die als Orakel fungierenden Heroenheiligtümer befanden sich dagegen alle außerhalb der Stadtmauern, meistens in Verbindung mit einer Quelle oder aber einer besonders eindrucksvollen Höhle. Hierzu zählen das Amphiaraiosorakel von Oropos, das Amphilochosorakel von Mallos, das Heraklesorakel von Bura, das Kalchasorakel am Monte Gargano, das Sarpedonorakel in Lykien und das Trophoniosorakel von Lebadeia. In fast allen dieser Orakel offenbarte sich der angesprochene Heros seinen Klienten im Traum, der bei Erwachen mit Hilfe eines kundigen Priesters gedeutet wurde (Oneiromantik).

## Träume und deren Deutung

Der Begriff Oneiromantik ist von dem griechischen Wort *oneiros* abgeleitet, das den Traum entweder in seiner Personifikation oder in einem abstrakteren Sinne beschreibt. Die Deutung dieser Traumbilder ist eine der ältesten divinatorischen Techniken überhaupt. Die frühesten schriftlichen Überlieferungen über Träume stammen aus der Mitte des 2. Jts. v. Chr. Die ältesten „Traumbücher" – Aufzählungen von Traumbildern und ihrer Deutung – kommen aus dem Altbabylonischen (18. Jh. v. Chr.) und aus der ägyptischen Ramseskultur (13. Jh. v. Chr.). Das bekannteste, da uns heute in verschiedenen mittelalterlichen Übersetzungen vollständig erhaltene Traumbuch, ist Artemidorus *Oneirokritika* (Traumdeutung) aus dem 2. Jh. n. Chr.

Grundlegend ist zwischen so genannten Traumbildern, die erst noch gedeutet werden müssen, und konkreten Traumbefehlen oder *-epiphanien* (-erscheinungen) zu unterscheiden. Traumbilder oder -visionen können eine ganz banale alltägliche Tätigkeit beinhalten, die es mit Hilfe eines professionellen Traumdeuters zu interpretieren galt. So träumte der medische König Astyages mehrfach, dass seine Tochter ohne Unterlass urinierte, bis zuerst seine Hauptstadt Ekbatana und dann ganz Asien überflutet waren. Traumdeuter rieten ihm, seine Tochter keinem einheimischen, sondern einem persischen Adligen zur Frau zu geben (Hdt. 1,107–108). Der König befolgte den Rat und sein Enkel Kyros II. sollte später ganz Asien erobern.

In einer Epiphanie erschien der Gott oder eine andere Person dem Träumenden dagegen direkt, um ihm eine bestimmte Botschaft zu vermitteln. In den homerischen Epen geschah dies oft und unvermittelt. So suchte der tote Patroklos Achill mehrfach heim, um ihn darum zu bitten, ihn endlich angemessen zu begraben, damit seine Seele Ruhe fände (Hom. Il. 23,65–91). Herodot wiederum beschrieb einen Traum des Xerxes, in dem eine göttergleiche Figur über diesem stand und ihm befahl seinen Feldzug gegen die Griechen weiterzuführen (Hdt. 7,13). Alexander der Große träumte mit großer Regelmäßigkeit und befolgte beflissen alle Aufgaben, die ihm von den Göttern des Nachts aufgetragen wurden.

Die meisten dieser Traumbilder erschienen spontan und waren nicht an einen besonderen Ort – es sei denn an das nächtliche Lager – gebunden. Daneben gab es aber auch schon im Vorderen Orient bewusst induzierte Traumerlebnisse innerhalb eines sakralen Raumes. So ist im so genannten assyrischen Traumbuch aus dem 7. Jh. v. Chr. überliefert, dass sich ein professioneller Traumdeuter im Auftrag des Königs Esarhaddon (ca. 680–669 v. Chr.) in den Tempel der Ishtar begab, um an dessen Stelle die Göttin im Traum nach dem Vorgehen gegen eine feindliche Invasion aus Ukka zu befragen. Die kriegerische Ishtar erschien dem Propheten und versprach ihm, den König gegen seine Feinde zu beschützen. Diese Sonderform der Oneiromantik wird als Inkubation bezeichnet. Der Begriff wird von der lateinischen Bezeichnung *incubare* für „in einem Tempel schlafen" (griech. e*gkoimasthai)* hergeleitet und war schon ein in der Antike benutzter Fachterminus. Hierbei legte sich ein Klient mit einer bestimmten Frage an einem heiligen Ort zum Schlafen nieder, um im Traum durch den hier verehrten Gott eine Antwort zu erhalten. Der Fragestellende wurde dabei auch als *iketaes* (rituell Schutzsuchender) bezeichnet (Paus. 2,11,6). Während die frühen oneiromantischen Orakel scheinbar jede Art von Anfragen beantworteten, spezialisieren sich viele dieser Kulte etwa seit dem 5. Jh. v. Chr. auf das Gebiet der medizinischen Inkubation. Ihr Erfolg war dabei so durchschlagend, dass die nichtmedizinischen Orakelanfragen in der Folgezeit fast vollständig verdrängt wurden. Zu den Heiligtümern, in denen eine solche „therapeutische" Inkubation stattfand, gehören vor allem die Kultstätten des Asklepios. Der christliche Autor Tertullian, der im Übrigen der Meinung war, alle Träume wären das Werk von Dämonen, verzeichnet neben den griechischen und römischen Asklepieia zudem noch sieben weitere Inkubationsheiligtümer (de anima 46,11–13): das Amphiaraion von Oropos, das Ino/Pasiphaeorakel von Thalamai, das Orakel des Trophonios, das Amphilochosorakel von Mallos, das Sarpedonorakel in der Troas, das Mopsusorakel in Kilikien und das Heiligtum der Hermione in Makedonien. Die meisten dieser Heiligtümer standen dabei in Verbindung mit den Gräbern bzw. Verehrungsstätten von Heroen. So schliefen Pilger im Heiligtum des Amphilochos von Mallos direkt auf seinem Grabhügel. Andere oneiromantische Gottheiten sind wie Nyx mit dem Schlaf selbst oder wie Hades mit dem Begriff der Unterwelt verknüpft. Im karischen Kastabas gab es zudem ein Inkubationsheiligtum der Hemithea, das sich ausdrücklich auch um gebärende Frauen kümmerte. In den Heiligtümern männlicher Heroen wurden Gebärende dagegen vermutlich wegen der hohen Risiken meistens gar nicht eingelassen. Das Heiligtum von Kastabas aber war in der Antike so berühmt, dass „es das einzige Heiligtum in dieser Gegend war, das Perser und Piraten niemals zerstörten, da die Göttin allen Menschen Glück brachte" (Diod. 5,63).

Wie die Nekromantik war auch die Inkubation eine „autosuggestive" Orakelmethode, bei welcher der Klient in direkten Kontakt mit dem Gott trat, ohne von einem Medium vermittelt zu werden. Die Vorbereitung des Klienten auf das bevorstehende Ritual war daher von besonderer Bedeutung. So musste er in den letzten Tagen vor der Inkubation sexuelle Enthaltsamkeit üben und bestimmten Speisen, wie Ziegenfleisch oder Käse, vermeiden. Ein Inkubant im Amphiaraion von Oropos musste sich drei Tage des Weines und einen Tag jeglichen Essens enthalten. Auch in der phytagoraeischen und platonischen Lehre galten reichhaltige Speisen und Alkoholgenuss als abträglich für die Traumdeutung. Rituelle Waschungen in den heiligen Brunnen eines Heiligtums oder im Meer gehörten ebenso zum direkten Vorbereitungsritual wie das Kleiden in bestimmte, oft weiße und ungegürtete Kleider und das Opfern bestimmter Votivgaben an verschiedene Götter.

Nicht weniger wichtig als die vorbereitenden Rituale war der Ort, an dem sich der Inkubant niederlegte. In der Antike wurde er als *abaton* oder *enkoimeterion* bezeichnet. Philostratus nennt die Inkubationsräume im Heiligtum von Oropos *phronteiserion* (Reflektionsort): eine „heilige und göttliche Spalte", die mit dem „Tor der Träume" verbunden war (imagines 16). Die meisten der *abatoi* bestanden aus einer geschlossenen Stoa mit mindestens zwei nach Geschlechtern getrennten Räumen, in denen entweder Steinklinen eingebaut waren oder in die tragbare Betten gebracht wurden. In der Regel lagen die Gebäude in unmittelbarer Nähe zum Tempel und damit zum Gott. Der Komfort wies dabei deutliche Unterschiede auf. Während die Kranken im Asklepiosheiligtum von Epidauros auf mehr oder weniger bequemen Klinen oder mitgebrachten Lagern schliefen, legten sich die Klienten vieler Heroenorakel direkt auf die Erde, auf oder neben das Grab des Verstorbenen. Auch in dem von Vergil erwähnten Faunusorakel bei Albunae legte sich der Priester in einem dunklen Hain auf ein Widderfell direkt auf den Boden, um die Stimme des Waldgottes zu hören (Verg. Aen. 7,81). Im Amphiaraion von Oropos und im Kalchasorakel in Apulien schlief der Klient zwar auf einer Kline, jedoch wurde diese zuvor mit dem Fell eines frisch geopferten schwarzen Widders bedeckt (Paus. 1,34,5).

Ein wichtiges Kriterium für einen Inkubationsraum war dessen Abgeschlossenheit. Der Lärmpegel und die Betriebsamkeit des Heiligtumalltags waren sicherlich wenig zuträglich für eine Person, die sich zum Schlafen niederlegen wollte, noch dazu wenn diese durch verschiedene Rituale darauf vorbereitet und in einen bestimmten spirituellen und für das Empfangen eines Traumes essentiellen Zustand versetzt worden war. Hinzu kam der Leidensdruck der Kranken, die sich aus physischen wie psychischen Gründen wenn möglich weder der freien Luft noch der Betrachtung unerwünschter Blicke aussetzen wollten. Die meisten Inkubationsräume waren daher von einer hohen Mauer umgeben. Im Asklepieion von Pergamon ging man mit der Diskretion sogar soweit, dass es zwischen der Tempelterrasse mit dem Kultbau des Gottes und der heiligen Quelle und dem römischen Inkubationsbau einen Tunnel gab, der unter dem stark belebten Tempelplatz entlangführte.

Wie bei den meisten Orakelmethoden fehlt leider auch bei der Inkubation jegliche objektive Beschreibung des Zeitraumes zwischen dem Niederlegen des Klienten und dem Erwachen. Wie in den Totenorakeln musste der Inkubant seine Antwort selbst entwickeln. Weder der architektonische Rahmen noch die schriftlichen Quellen geben einen Hinweis darauf, ob der Klient im Schlaf durch das Kultpersonal physisch oder psychisch beeinflusst wurde. Von nächtlichen Massenhypnosen oder geheimen Operationen, wie sie von früheren Forschern postuliert worden, ist sicherlich abzusehen. Wahrscheinlicher ist, dass auch in diesem Fall die Nachbereitung des Traumschlafes von entscheidender Wichtigkeit war. Nicht selten handelte es sich dabei um eine Art Rückwärtsbewegung der vor der Inkubation vollzogenen Rituale. Die so genannte pergamenische *lex sacra* – eine Texttafel, die im Asklepiosheiligtum von Pergamon gefunden wurde und uns detailliert die Ritualvorschriften für das Heiligtum auflistet – verlangte etwa, dass der Klient den zuletzt angelegten Ölkranz auf das Lager zurücklegte, bevor er den Inkubationsraum verließ. Im direkten Anschluss daran und damit noch ganz unter dem Eindruck des soeben erlebten bzw. erträumten, wurde er von einem Priester in Empfang genommen, der den Traum zusammen mit dem Klienten interpretierte. Die in diesem Gespräch formulierte Antwort konnte nun niedergeschrieben und, wenn gewünscht, öffentlich im Heiligtum präsentiert werden. Erst dann wurde der Klient nach verschiedenen Dankesopfern endgültig entlassen bzw. zu weiteren Therapien im oder in der Nähe des Heiligtums untergebracht.

## Amphiaraios von Oropos

Zu den ältesten dieser Inkubationsorakel gehört das Heiligtum des Heros Amphiaraios im attischen Oropos. Der Sage nach war Amphiaraios ein Seher des Zeus und einer der so genannten Sieben gegen Theben im Krieg der beiden Söhne des Ödipus um die Vorherrschaft in Böotien. Beim Angriff auf die Mauern der Stadt erkannte der Heros die Aussichtslosigkeit ihrer Mission und floh. Zeus jedoch spaltete vor seinen Pferden die Erde, ließ ihn – um ihm die Schande einer unehrenhaften Flucht zu ersparen – mitsamt seines Wagenlenkers und dem gesamten Streitwagen in der Erde verschwinden und machte ihn damit zu einem der unsterblichen Unterweltsgötter. Verschiedene Städte zwischen Athen und Theben beanspruchten den Ort seines Verschwindens für sich. Am erfolgreichsten war schließlich Oropos – direkt an der Grenze der beiden rivalisierenden Staaten gelegen. Hier soll der Heros wieder aufgetaucht sein, an eben jenem Ort, wo die heilige Quelle im Heiligtum entsprang (Paus. 1,34). Schon im 6. Jh. v. Chr. weissagte der Heros hier überaus erfolgreich, denn neben Delphi war Oropos das einzige Orakel, das Kroisos' Frage richtig beantworten konnte. Doch im Grenzgebiet zwischen Böotien und Attika gelegen, war das Heiligtum ständiger Streitpunkt der beiden Landschaften. Bis ins 2. Jh.

v. Chr. wechselten die Besitzansprüche mehrfach zwischen Theben, Athen und der Eigenständigkeit hin und her. Erst 146 v. Chr. erhielt Oropos seine Unabhängigkeit für eine Periode von etwa 80 Jahren. Während es jedoch vor allem im 4. Jh. v. Chr. ständig expandiert hatte, ging die Bedeutung des Kultortes in dieser Zeit bereits kontinuierlich zurück. Im 3. Jh. n. Chr. wurde er vermutlich vollständig aufgegeben.

Große Teile des antiken Heiligtums wurden bisher ergraben. Leider ist der Kultbezirk durch einen der vielen winterlichen Sturzbäche in zwei Teile geteilt; wichtige archäologische Funde wurden damit für immer fortgespült. Der antike Besucher erreichte das Heiligtum entweder auf dem Landweg oder aber über einen eigenen kleinen Hafen, dem *delphinion*, der wenige Kilometer weiter westlich an der Küste lag. Zentrum eines ersten kleinen Heiligtums war im 5. Jh. v. Chr. die heilige Quelle nebst zweier kleiner Altäre und einem kleinen Tempelbau. Bereits wenig später erbaute man nördlich der Altäre mehrere Sitzreihen aus Kalkstein, die vermutlich als erstes Theater fungierten, von dem man die Opferfeiern vor dem Tempel beobachten konnte. Ende des 4. Jhs. v. Chr. wurde es zerstört und seine Überreste teilweise für den Bau des neuen Brunnens genutzt. Wo die Inkubanten zu dieser Zeit schliefen, ist nicht nachzuweisen. Vermutlich aber legten sie sich, wie es für einen Heroenkult üblich war, im Freien und in der Nähe der heiligen Quelle nieder. Zu Beginn des 4. Jhs. v. Chr. – nun unter attischer Herrschaft – wurde das Heiligtum umfassend erneuert. Zu Ehren des Gottes und um das Heiligtum als Pilgerziel attraktiver zu machen, wurden musische und athletische Festspiele, die so genannten Amphiareia, eingerichtet. Sie fanden einerseits in einem bis heute noch nicht ausgegrabenen Stadion unterhalb der Tempelterrasse statt, andererseits auf dem Altarplatz selbst. Wegen der großen Beliebtheit der Spiele wurde jedoch um 200 v. Chr. oberhalb der heiligen Quelle eine langgezogene Säulenhalle (110 m × 10 m) mit einer äußeren Kolonnade aus 41 dorischen und einer inneren Säulenreihe aus 17 ionischen Säulen errichtet, in die ein ca. 3000 Zuschauer fassendes Theater integriert war. Bereits um 300 v. Chr. wurde südöstlich des älteren Tempels zudem ein neuer dorischer Tempel aus Kalkstein mit sechs Säulen *in antis* erbaut (14 m × 28 m). Zwei Reihen von je fünf ionischen Säulen mit Holzschranken in den Zwischenräumen teilen den Naos in drei Schiffe. Im Mittelschiff standen zwei Basen für Kultbilder. An den Wänden führten vermutlich Holzbänke entlang – ein durchaus ungewöhnlicher Grundriss für ein attisches Heiligtum. Etwa gleichzeitig wurde über den Resten der beiden früheren Altäre ein großer Altar (4,60 m × 9 m) errichtet. Pausanias zufolge war er fünfgeteilt. Während der erste Abschnitt Herakles, Zeus und Apollon Paion geweiht war, galt der zweite dem Heros und seinen Frauen, der dritte den Göttern Hestia, Hermes, Amphiaraos und den Kindern des Amphilochos, der vierte Aphrodite, Panakeia, Iason, Hygieia und Athena Paionia und der fünfte den Nymphen, Pan und den Flussgöttern Achelochos und Kephis (Paus, 1,34,3). Direkt neben dem Altar lag die heilige Quelle. Die heute sichtbare Einfassung stammt aus römischer Zeit und ist mit einem zweiten Becken wenige Meter weiter nördlich verbunden, zu dem eine kleine wannenähnliche Struktur gehörte. Während dieses Becken in der Regel als Männerbad gedeutet wird, vermutet man ein abgeschlossenes Frauenbad im Osten der langen Säulenhalle. Weitere Bäder sowie Unterkünfte für die vielen Pilger befanden sich vermutlich jenseits der Brücke im Süden des Heiligtums.

Die Inkubanten schliefen nach Geschlechtern getrennt und ohne störende Einflüsse in zwei abgeschlossenen Räumen (10 m × 5,50 m) zu beiden Seiten der monumentalen Säulenhalle, die durch eine Tür zur Halle abschließbar waren. Dort erschien ihnen im Traum der Heros, um ihnen mit Rat und Tat zur Seite zu stehen. Auf Reliefdarstellungen wird er in der Regel als väterliche bärtige Figur mittleren Alters dargestellt – ganz ähnlich seinem weitaus bekannteren Konkurrenten Asklepios (Abb. 11).

Ein Aufenthalt in Oropos war allerdings teuer. Eine Inschrift aus dem 4. Jh. v. Chr. verzeichnet die Verhaltensregeln im Heiligtum wie folgt: Zunächst hatten die Pilger des Amphiaraions am Eingang eine Art Eintrittsgebühr zu bezahlen – in Gegenwart eines Priesters und in „gültiger Währung“ (IG VII 235); das Vertrauen des Gottes in seine Anhänger schien vermutlich nicht allzu groß zu sein. War dies erledigt, galt es sich zu reinigen, jedoch nicht an der heiligen Quelle, sondern durch das Opfer eines wiederum kostspieligen Widders auf dem Großen Altar. Dem Priester stand in diesem Fall die Schulter des Opfertieres zu. Der Rest des Fleisches wurde vor Ort verzehrt. Das Fell aber wurde als Unterlage für den Schlaf im *abaton* genutzt. Pausanias erklärt sich diesen Brauch damit, dass die Quelle viel zu heilig sei, um sie „für Reinigungen oder als Weihwasser zu benutzen“, und führt fort: „Wenn aber jemand auf Grund des Orakels von einer Krankheit genesen ist, wirft er ein silbernes oder goldenes Geldstück in die Quelle“ (Paus. 1,34,4). Außer für das Wohlwollen des Heros mussten die Klienten zudem für Unterkunft und Verpflegung und bei einem längeren Kuraufenthalt auch für die Behandlungen durch die im Umfeld des Heiligtums tätigen Ärzte aufkommen. Da man in den hier bisher nur sehr spärlich ergrabenen Gebäudestrukturen südlich des heiligen Bezirkes auch verschiedene chirurgische Instrumente gefunden hat, vermuten die griechischen Ausgräber hier niedergelassene Ärzte, die ihre Dienste zusätzlich zu den Wundertaten des Gottes anboten. Je nach Dauer und Art der Behandlung konnten auch diese Zusatzbehandlungen viel Geld kosten. Seine Gesundheit musste dem antiken Oropospilger schon einiges wert gewesen sein.

*Abb. 11: Asklepios heilt einen Kranken. Relief. 4. Jh. v. Chr. Piraeus.*

## Der Siegeszug des Asklepios

So erfolgreich der Kult des Amphiaraios war, so beschränkte er sich doch nur auf das Heiligtum von Oropos und ein weiteres weniger bekanntes im attischen Rhamnus. Weit erfolgreicher expandierte dagegen der Kult des Heilheros Asklepios. Die frühesten Zeugnisse für den Kult des Halbgottes stammen aus dem 6./5. Jh. v. Chr. Hierzu zählen der homerische Hymnos an Asklepios und die berühmte 3. Pythische Ode des bei Theben geborenen Schriftstellers Pindar. Diesem Mythos nach war Asklepios der Sohn des Apollon und der thessalischen Königstochter Koronis. Wie immer verließ Apollon die Sterbliche nach der ersten Liebesnacht. Koronis aber wandte sich in der Folge einem neuen Freier, Ischys, zu. Doch einen Nebenbuhler ließ der Gott nicht zu. Erzürnt schickte Apollon seine Schwester Artemis, die die Untreue mit ihren Pfeilen tötete. Als jedoch Apollon erkannte, dass Koronis ein Kind von ihm erwartet hatte, eilte er zu dem noch lodernden Scheiterhaufen der Toten, rettete seinen ungeborenen Sohn und brachte ihn zu dem weisen Kentauren Chiron, der ihn, abseits von jeder Siedlung aufzog und in die Kunst der Medizin einwies. Bald schon war Asklepios ein weit berühmter Arzt, der „manche behandelt durch sanften Zauberspruch, andere mit heilenden Tränken oder Salbenverbänden um die Glieder rings, andere brachte er durch Schneiden auf die Beine“ (Pyth. 3,3). Doch jung und übermütig wie er war, glaubte er selbst die Ordnung der Götter überlisten zu können und erweckte gegen hohe Entlohnung einen Toten zum Leben. Aufs Äußerste erzürnt, beschwerte sich Hades bei seinem Bruder Zeus darüber, woraufhin dieser einen seiner Blitze auf den Heros schleuderte und ihn damit tötete.

Obwohl jung verstorben, wird Asklepios in der bildenden Kunst meistens, wie auch Amphiaraios, als bärtiger gütiger mittelalter Mann dargestellt. Um den kräftigen Körper ist ein Mantel geschlungen und er stützt sich in der Regel auf einen von einer Schlange umwundenen Stab. Nicht selten tritt er in der Begleitung seiner Familie auf: allen voran seiner Tochter Hygieia, die häufig, wie etwa im Asklepieion von Pergamon, als Personifikation der Gesundheit einen eigenen Tempel besaß. Dahinter stehen häufig seine etwas „farblose" Gattin Epione (die Milde) und seine beiden Söhne Machaon und Podailerios sowie seltener seine drei weiteren Töchter Akeso, Iaso und Panakaia (die Allheilende). Ein gnomhaftes kleines Wesen mit einem Kapuzenmantel, das manchmal zu Füßen des Asklepios steht, wird Telesphoros (der zum guten Ende bringt) genannt und ist eine Verkörperung der erdverbundenen Kräfte. Zudem begleiten ihn zwei heilige Tiere, ein Hund und eine Schlange. Letztere ebenfalls eine Inkarnation der erdverbundenen Kräfte, die nicht selten durch Lecken oder Berühren des kranken Körperteils aktiv in die Therapie eingriff. In der Forschung wird sie mit der in ganz Südeuropa verbreiteten ungiftigen Baumschlange *Elaphe longissima* identifiziert, die in der Antike weit häufiger vorkam als heute und zum Teil als Haustier gehalten wurde. Sie bevorzugt warme, aber wasserreiche Gebiete – ebensolche wie sie auch aufgrund der hier entspringenden Quellen vom Kult des Asklepios gewählt wurden.

Das bedeutendste Heiligtum des Gottes lag in Epidauros auf der argivischen Halbinsel etwa 9 km südlich der antiken Siedlung in einer wasserreichen Ebene am Fuße des Kynortionberges. Hier traf der junge Gott auf einen Kultort seines Vaters Apollon, der hier als Maleatas verehrt wurde. Obwohl Epidauros nicht das älteste der asklepischen Heiligtümer war – die frühesten Spuren seines Kultes stammen wie der Mythos aus Thessalien –, entwickelte es sich doch schnell zum erfolgreichsten. Dies lag nicht zuletzt am geschickten Taktieren der ansässigen Priester. So ließ man die Geschichte verbreiten, dass der Arkader Apollophanes im Orakel von Delphi anfragen ließ, ob denn Asklepios nicht viel eher der Sohn der Arsinoe und damit Arkader sei. Die Pythia aber antwortete ihm: „Oh Asklepios du, zur Wonne der Menschen ersprossen, den mir in Liebe gesellt des Phlegyas Tochter geboren, reich an Reizen Koronis, im rauen Land Epidauros" (Paus. 2,26,7). Epidauros' Vorrangstellung war damit von offizieller Seite bestätigt und der Kultort wurde so bekannt, dass er in späterer Zeit einfach nur *to ieron* (das Heiligtum) genannt wurde.

Die meisten der antiken Pilger erreichten Epidauros von Norden, von den Städten Argos und Epidauros her. Auch hier gab es keine Umfassungsmauer, wohl aber ein monumentales Torgebäude, auf dem vermutlich die bekannte durch Porphyrios überlieferte Inschrift „Rein muss sein, wer in den duftenden Tempel tritt, rein sein ist aber, heilige Gedanken zu haben“ (Porphyr. de abstinentia 2,9) angebracht war. Gleich dahinter befand sich ein Brunnen, der sicherlich für eine erste Reinigung vorgesehen war, denn anders als in Oropos dienten die meisten der epidaurischen Brunnen ihrem herkömmlichen Verwendungszweck, dem Schöpfen von Wasser. Als Nächstes passierte der Pilger die so genannte Halle des Kotys, die Pausanias zufolge errichtet wurde, um diejenigen aufzunehmen, für die innerhalb des heiligen Bezirkes ein Verbot galt: gebärende Frauen und Sterbende – schlechte Beispiele für den grenzenlosen Erfolg eines Heilgottes. Das eigentliche Ziel der Hoffnungsvollen aber war der Tempel des Asklepios. Er stand auf einem freien Platz. Der heute erhaltene Kultbau stammte aus dem 4. Jh. v. Chr. und war verhältnismäßig klein, jedoch mit einem aufwendigen Skulpturenschmuck ausgestattet. Im Inneren saß das von Thrasymedes gearbeitete goldelfenbeinerne Kultbild des Gottes auf einem Thron flankiert von Schlange und Hund. Vor diesem lag ein langgestreckter Altar, auf dem kleine Opfer, wie Honigkuchen, dargebracht wurden. Hinter dem Tempel lag ein seltsamer Rundbau, wie man ihn als Typus nur in Epidauros findet, die so genannte Thymele. Dieses in der Mitte des 4. Jhs. v. Chr. entstandene Gebäude besteht aus einem prunkvoll dekorierten Oberbau aus 26 dorischen Säulen außen und 14 korinthischen Säulen innen. Darunter befindet sich, mit dem Obergeschoß durch ein kleines Loch in der Mitte des Fußbodens verbunden, eine Art Keller, der durch mehrere runde Mauern einen labyrinthartigen Charakter erhält. Zu Pausanias' Zeiten wurde die Thymele als Ausstellungsraum benutzt, ihre ursprüngliche Verwendung ist in der Forschung jedoch noch immer stark umstritten. Im 19. Jh. vermutete man hier eine Art „Schlangengrube“ für die heiligen Schlangen des Asklepios – ungeachtet der Tatsache, dass die Kaltblüter Sonne brauchen um zu überleben. Andere vermuten hier einen Klangkörper für die im oberen Geschoss getanzten und gesungenen Hymnen des Heilgottes – eine antike Musiktherapie sozusagen. Eine der heute am ehesten akzeptierten Meinungen ist jedoch, dass es sich um ein Heroon, ein Ehrendenkmal, für den Heros Asklepios handelt, das an seine Sterblichkeit erinnern sollte, denn wo sich das Grab des Halbgottes befand, der eigentliche Mittelpunkt eines jeden Heroenkultes, war auch in der Antike unbekannt.

Auf seinem Weg durch das Heiligtum konnte der Besucher neben prunkvollen Bauwerken auch zahlreiche im ganzen heiligen Bezirk verteilte Weihgeschenke früherer Pilger bewundern. Hierbei handelte es sich einerseits um die üblichen mit Weihinschriften versehenen Statuen und Altäre. Epidauros hatte aber zudem noch eine Besonderheit aufzuweisen, wie sie schon bald in vielen anderen Orakelheiligtümern, wie etwa Lebadeia, übernommen wurde – große steinerne Stelen, auf denen die Priester die (erfolgreichen) Heilungsberichte verzeichnet hatten. In Epidauros wurden sie als *iamata* (Heilmittel) bezeichnet. Pausanias berichtet von sechs Steintafeln, die er im Heiligtum vorfand, bemerkt aber auch, dass es früher einmal weitaus mehr gewesen waren (Paus. 2,27,3). Zum großen Glück der Archäologie wurden bei den Ausgrabungen im Heiligtum drei dieser Stelen im Ganzen und die Bruchstücke einer vierten gefunden. Sie werden in das 4. Jh. v. Chr. datiert und geben uns Auskunft über das Ritual selbst, aber auch über das medizinische Wissen dieser Zeit. Die Zusammenstellung der verzeichneten Heilbeispiele war natürlich nicht zufällig, sondern bewusst durch die Priester gewählt. Daher war der Inhalt sämtlicher Wunderberichte über die Taten des Asklepios durchweg positiv. „Es wären noch viel mehr gewesen, wenn auch die nicht Geretteten Tafeln aufgestellt hätten“, spöttelte in einem ähnlichen Zusammenhang der Kyniker Diogenes (Diog. Laert. 6,59). Als Werbung aber für den Gott waren die Tafeln unschlagbar.

Typisch waren Beispiele wie: „Demosthenes von X, gelähmt an den Beinen. Dieser kam in das Heiligtum auf einer Bahre und ging an Stöcken gestützt herum. Als er sich im Heilraum zum Schlaf gelegt, sah er ein Gesicht: Er träumte, der Gott verordne ihm vier Monate im Heiligtum zu bleiben, weil er in dieser Zeit gesund werden würde. Als er an den letzten Tagen mit zwei Stöcken in den Heilraum hineingegangen war, kam er gesund heraus“ (C 64). In der Regel scheint der Gott also allein durch seine Anwesenheit geheilt zu haben oder aber der zeitgenössischen Medizin gefolgt zu sein: „… sie träumte, er gebe ihr eine Schale und befehle ihr sie auszutrinken. Als sie erwacht, kam sie gesund wieder heraus“ (C 50). Einige der Inschriften weisen aber auch auf weit drastischere Therapien hin: „Arate von Lakonien, Wassersucht. Für diese schlief die Mutter und sieht einen Traum: Sie träumte, der Gott schneide ihrer Tochter den Kopf ab und hänge den Körper auf mit dem Hals nach unten; als viel Flüssigkeit ausgeflossen, habe er den Körper abgehängt und den Kopf wieder auf den Hals gesetzt. Nachdem sie diesen Traum gesehen, kehrte die Mutter nach Lakedämon zurück und traf ihre Tochter gesund; diese hatte denselben Traum gesehen“ (B 21). Diese und andere haarsträubende, wenn auch immer schmerzlose Operationen haben frühere Wissenschaftler zu der Vermutung veranlasst, die epidaurischen Priester hätten im Dunkeln der Nacht bestimmte Inkubanten sediert und realen operativen Eingriffen unterzogen. Doch können solch schwere Operationen tatsächlich unbemerkt geblieben sein? Fakt ist, dass sich im Umfeld der meisten Asklepieia, wie in Oropos, verschiedene Ärzte und andere Kureinrichtungen ansiedelten. Wir wissen auch, dass die Inkubanten, wenn sie den Inhalt eines Traumes nicht auf Anhieb verstanden, am nächsten Morgen einen Priester konsultierten, der sie nicht selten an eine dieser Einrichtungen weiter verwies. Es ist anzunehmen, dass auch der lahme Patient aus dem ersten Traumbeispiel den von Asklepios verordneten viermonatigen Aufenthalt im Heiligtum nicht allein zum Inkubieren nutzte, sondern sicherlich am Tage sein Leiden mit Gymnastik, Bädern, Massagen oder Pharmaka behandeln ließ. In Verbindung mit der positiven Wirkung der göttlichen Anwesenheit Asklepios' auf die nicht selten verstärkende psychosomatische Komponente einer Krankheit scheinen diese konservativen Therapien so erfolgreich gewesen zu sein, dass der epidaurische Kult schon bald nach Rom und Kleinasien expandierte. Eine geheime „Kurpfuscherei" durch Priester scheint also gar nicht nötig gewesen zu sein.

Auf diese Weise eingestimmt, legte sich nun auch der Neuankömmling in einem der großen in unmittelbarer Nähe zum Tempel befindlichen Liegeräume nieder. Für diejenigen Nächte, die er nicht im Liegeraum verbringen konnte oder wollte, stand etwas weiter südlich des heiligen Bezirkes ein großes *katagogeion* (Herberge) mit je nach Geldbeutel ausgestatteten Zimmern zur Verfügung. Mehrere kleinere Gebäude dienten vermutlich einem ähnlichen Zweck. Auch für Unterhaltung war in den asklepischen Kurzentren gesorgt. Zwischen den Herbergen und dem heiligen Bezirk befanden sich ein luxuriöses Banketthaus, in dem das Fleisch der Opfertiere verzehrt werden konnte, sowie eine Bibliothek, wie Pausanias berichtet. Verschiedene Bäder unterschiedlicher Ausstattung dienten der Reinigung, aber auch dem Müßiggang der Pilger. Alle fünf Jahre fanden in Epidauros außerdem zu Ehren des Gottes die Asklepieia Festspiele statt. Es wurden musische und athletische Wettbewerbe veranstaltet, die einen im am Fuße des Kynortion errichteten und heute noch genutzten Theater, die anderen im Stadion und in einem weiter entfernt gelegenen Hippodrom. Zumindest im Theater fanden aber sicherlich auch in der festspielfreien Zeit unterschiedliche Veranstaltungen statt.

Ein Aufenthalt in einem der großen Asklepieia, wie sie seit hellenistischer Zeit und ausgehend von Epidauros z. B. auch auf der Insel Kos und im kleinasiatischen Pergamon entstanden, war also keine rein religiös inspirierte Reise. Wie die heutigen großen christlichen Pilgerzentren Lourdes oder Fatima waren die großen Asklepieia eine Mischung aus Jahrmarkt, Krankenhaus und Mittelpunkt tiefster Gläubigkeit.

## Sarapis – der neue Gott

Ein vor allem in römischer Zeit populärer Gott, der seinen Willen ebenfalls durch Inkubation kundtat, war der alexandrinische Sarapis. Auch Sarapis wurde einem Bedürfnis zufolge neu „erfunden". Der genaue Zeitpunkt ist jedoch umstritten. Das erste Mal wird er in Zusammenhang mit einem Traum Alexander des Großen genannt, der kurz vor seinem Tod in Babylon im „Tempel des Sarapis" geschlafen haben soll. Die meisten anderen antiken Quellen weisen jedoch auf seinen Nachfolger in Ägypten, Ptolemaios I., hin, der seine Stellung als graeco-ägyptischer Herrscher festigen wollte, indem er einen „Hybridgott" schuf, dem beide Kulturen huldigen konnten. Wahrscheinlich ist, dass Ptolemaios in diesem Zusammenhang seinen Gott auch gleich mit dem Mythos um Alexander verband, denn eine Stelle aus dem so genannten Alexanderoman, der unter der Herrschaft der Ptolemäer geschrieben wurde, beschreibt die Gründung der später von den Ptolemäern als Herrschersitz gewählten und durch Alexander gegründeten Stadt Alexandria wie folgt: Als Alexander auf einem Altar im Nildelta dem Zeus opferte, kam ein Adler, ergriff das Opfertier und trug es zu einem anderen Altar. Alexander nahm dies zum Zeichen und gründete an dieser Stelle seine neue Stadt. „In der Nacht aber erschien der Gott Alexander im Schlaf … und Alexander flehte ihn an: Sage mir, ob die Stadt Alexandria, die ich soeben gegründet habe, als solche bestehen bleibt, oder ob mein Name in den eines neuen Königs umgeändert werden wird" (1,33). Sarapis aber prophezeite ihm den großen Ruhm Alexandrias und verriet ihm seinen Namen in einem Rätsel: „… füge zusammen zweihundert und eins, dann einhundert und eins, dann achtzig und zehn und nehme den ersten Buchstaben und füge ihn ans Ende. Nun weißt du wie der heißt, der dir erschienen ist …" Verwendet man statt Zahlen die entsprechenden griechischen Buchstaben erhält man SARAPIS.

Bei der Entwicklung des neuen Gottes bediente sich Ptolemaios I. verschiedener bereits bekannter ägyptischer wie griechischer Kultelemente. So entstand sein Name aus der Bezeichnung der ägyptischen Götter Osiris *(Sir/Sar)* und Apis *(Hepi)*. In der ägyptischen Mythologie verkörperte der Apis-Stier Fruchtbarkeit. Osiris aber war der erste Pharao, der von seinem Bruder Seth um seine Herrschaft beneidet und daher getötet wurde. Nach den Überlieferungen lebte die Seele des Osiris im Apis-Stier weiter, nachdem Seth seinen Körper in mehrere Stücke zerteilt hatte. Bereits seit der Mitte des 4. Jhs. v. Chr. wurde in diesem Zusammenhang im nordägyptischen Memphis ein Gott namens Oserapis angerufen – auf einem so genannten Fluchtäfelchen, einer Tonscherbe, die im Heiligtum eines bestimmten Gottes deponiert wurde und in der Regel Verwünschung einer bestimmten Person enthielt. Auf der hier genannten Tafel steht: „Oh Herr, Oserapis und die bei ihm sitzenden Götter, Ich flehe dich an, ich Artemisia, Tochter des Amasis, gegen den Vater meiner Tochter, (der ihr) alles geraubt hat, was ihrem Grab zum Geschenk gemacht wurde … so lange mein Ruf hier liegt, möge er und was zu ihm gehört aufs Fürchterlichste zerstört werden …“ Während sich der Name des neuen Gottes also aus der ägyptischen Mythologie zusammensetzt, ist seine Ikonographie ganz und gar griechisch. Sein Erscheinungsbild, ein wuchtiger bärtiger und meist auf einem Thron sitzender Mann mittleren Alters, wurde eindeutig dem Zeus, aber auch Asklepios nachempfunden. In seiner Rolle als Gott der Fruchtbarkeit, der damit verbundenen Nilschwemme und der für Ägypten so wichtigen Getreideversorgung trägt Sarapis zudem häufig einen *kalathos* (Erntekorb) auf dem Kopf. Der fast immer mumifiziert dargestellte Osiris hätte auf die Griechen in Ägypten vermutlich viel zu befremdlich gewirkt.

Als Orakelgott war Sarapis vor allem in seinem Heimatland Ägypten populär. In Griechenland konnte er sich nie wirklich gegen die dort vorherrschenden Orakelgötter durchsetzten. Allein in der multikulturellen Handelsstation Delos sind im dortigen Sarapisheiligtum mehrere Inschrift über Traumorakel des Gottes erhalten. Das Heiligtum wurde von dem griechischen Handelsreisenden Apollonius gegründet und zwar auf einen Traumbefehl des Sarapis hin, den er auf seinen zahlreichen Reisen nach Ägypten kennen gelernt hatte: „In meinem Traum gab Sarapis mir den Befehl auf Delos ein Heiligtum für ihn zu errichten. Die Stelle, die er mir anzeigt, stand gerade zum Verkauf. Der Ort war voller Dreck und am Eingang zur Agora: Aber weil der Gott es wünschte, wurde der Handel vollzogen und der Tempel innerhalb von sechs Monaten fertig gestellt“ (IG 4,1299). Nicht weit von Alexandria entfernt, in Kanopos, direkt am Nildelta, lag ein weiteres Heiligtum des Gottes, das in seiner Funktion den griechischen Asklepiosheiligtümern sehr nahekam. Von den wohlhabenden Alexandrinern wurde es als Sommerfrische genutzt. Der Besuch des Heiligtums auf dem Bootsweg galt als beliebter Ausflug. Strabon erwähnt es als ein Heiligtum, in dem man selber inkubierte oder jemanden für sich schlafen ließ. Auch hier wurden die Heilungen und Orakel aufgeschrieben und auf Stelen gezeigt (Strab. 17,1,17). Heute liegt der weitläufige Komplex unterhalb des Meeresspiegels – die Grabungen sind daher mit hohem Aufwand verbunden. Bisher konnten neben verschiedenen Mauerresten und einem monumentalen Portal mehrere gut erhaltene Statuen geborgen werden. Da der Tempel jedoch in nachantiker Zeit zunächst durch eine byzantinische Kirche überbaut und dann als Steinbruch verwendet wurde, werden die Spuren eines möglichen Orakels vermutlich für immer verschwunden sein. Das berühmteste Heiligtum des Gottes aber lag in der Metropole Alexandria selbst. Es wurde unter Ptolemeios III. (246–222 v. Chr.) fertiggestellt und befindet sich auf einem riesigen Areal im Westen der antiken Stadt. Das Hofheiligtum war von teilweise mehrstöckigen Portiken umgeben, in denen auch eine Dependance der berühmten Bibliothek von Alexandria untergebracht war. In dem korinthischen Tempel stand eine goldene Statue des Künstlers Bryaxis, die einem der spätantiken Kirchenväter zufolge „sprechen“ konnte, was aber derselben Quelle nach eine Täuschung der Priester gewesen sein soll. Frühere pagane Schriftsteller erwähnen allerdings weder diesen Betrug noch die sprechende Statue. Artemidoros beschreibt vielmehr, dass Sarapis den Gläubigen, die in seinem Tempel in Alexandria nächtigten, im Traum erschien (Artemidoros 4,80) und dass einige dieser Traumbegegnungen den Tod des Inkubanten voraussagten. Doch obwohl er an einer anderen Stelle ganze Kompendien für die Traumdeutung von Sarapisorakeln erwähnt, sind innerhalb des alexandrinischen Heiligtums bisher keine Räumlichkeiten gefunden worden, die sich als *abaton* identifizieren lassen könnten. Vermutlich schliefen die Inkubanten daher, wie es auch in früheren ägyptischen Heiligtümern üblich war, in den Portiken oder den dahinterliegenden Räumen. Wie erfolgreich das Orakel des Sarapis war, lässt sich an seiner Bedeutung im Zusammenhang mit der Machtübernahme des römischen Kaisers Vespasian erkennen. Sueton berichtet, dass dieser den Gott 69/70 n. Chr. konsultierte. Als wichtigster Getreidelieferant war Ägypten für Rom unersetzlich. Als sich der in Palästina kämpfende Vespasian von seinen Truppen zum Kaiser ausrufen ließ, eilte er daher zunächst nach Alexandria, vermutlich um durch die Kontrolle der Getreidelieferungen ein wichtiges Druckmittel gegen Rom und seinen dortigen Konkurrenten Vitellius in der Hand zu haben. „Noch fehlte ihm (Vespasian) als einem wider alles Erwarten auf den Thron gekommenen und zur Stunde noch neuen Fürsten die Majestät, welche durch göttliches Zeugnis verliehen wird; auch diese ward ihm zuteil. Zwei Menschen aus dem geringen Volke, ein Blinder und ein an Lahmheit Leidender, traten an ihn heran, als er auf dem Tribunal saß, und flehten ihn um Heilung an, die ihnen vom Sarapis in einem Traumgesichte mit den Worten verheißen sei: Er (Vespasian) werde dem Blinden das Augenlicht wiedergeben, wenn er die Augen mit seinem Speichel benetzen, und dem Lahmen das Bein heilen, wenn er so gnädig sein wolle, es mit seiner Ferse zu berühren. Obschon er nun kaum daran glaubte, dass die Sache irgendeinen Erfolge haben werde, und deshalb sich nicht entschließen konnte, auch nur den Versuch zu wagen, so ließ er sich doch endlich von seinen Freunden erbitten und versuchte beides inmitten der öffentlichen Versammlung, und siehe, der Erfolg fehlte nicht“ (Suet. Vesp. 7). Auf diese Weise durch den neuen Gott bestätigt, war Vespasian die Unterstützung der ägyptischen Truppen sicher. Sarapis aber dankte er, indem er ihm nach seiner Amtsübernahme in Rom auf dem Marsfeld ein prunkvolles Heiligtum errichtete.

# Alltagstauglich

## Von Losen, Würfel- und Buchstabenorakeln

Nicht alle Menschen konnten die Strapazen und Kosten einer weiten Pilgerreise auf sich nehmen, um eines der großen Orakel der antiken Welt zu konsultieren. Und nicht jede Frage war dies wert. Dennoch – die Neugier und das Bedürfnis nach göttlichem Rat und Entscheidungshilfe waren und sind omnipräsent. Nicht umsonst zählen die täglichen Horoskope zu den meistgelesenen Rubriken in den heutigen Tageszeitungen.

Für eine schnelle und kostengünstige Entscheidungshilfe gab es in der Antike die so genannten Zufallsorakel, zu deren häufigsten Vertretern die Astragal-, die Los- und die Buchstabenorakel zählen. Sie gehören zu der Gruppe der induktiven Orakel, was bedeutet, dass die Antwort mittels eines mechanischen Verfahrens herbeigeführt wurde, das alle rationalen Einflüsse ausschloss.

Einfache Zufallsorakel wie etwa Astragalorakel konnten an jedem beliebigen öffentlichen oder privaten Ort vollzogen und mussten nicht unbedingt von einem professionellen Seher durchgeführt werden. Beliebte Stätten waren dabei vielfrequentierte Plätze wie Märkte oder Stadttore, aber auch Grabstätten, denen per se eine bestimmte magische Aura zugeschrieben wurde und an denen auch andere Orakelmethoden, wie Nekromantik, durchgeführt wurden.

Nicht selten waren diese Zufallsorakel an eine bestimmte göttliche Macht, besonders häufig an Hermes gebunden. Dem Mythos nach hatte dieser nach wiederholtem Drängen endlich zumindest die „nicht inspirierten“ Orakel von seinem Bruder erhalten – als Gegenwert für seine Hirtenflöte (Apollodor. Bibl. 3,10,2). Schon in der antiken Literatur wurden Zufallsorakel daher häufig als unseriös abgetan. „Das kommt vom Jahrmarkt oder einer Weissagetafel“, zitiert schon Plutarch ein gängiges Synonym für eine besonders unglaubwürdige Geschichte (Plut. De E apud Delphos 4). Und auch Artemidoros lästert in seinen Traumdeutungsbüchern: „Denn alles was Pythagoräer oder Leute aus Gesichtszügen, aus Astragalen, Käse, Sieben, aus Gestalt und Händen, aus Wasserbecken und mittels Geisterzitieren weissagen, muss man samt und sonders für Lügen und Hirngespinste halten. Denn ihre Machenschaften sind dementsprechend, und von der eigentlichen Kunst der Weissagung haben sie nicht die geringste Ahnung; wohl aber nehmen sie mit ihren Gaukeleien und Betrügereien jeden, der ihnen in den Weg kommt, tüchtig aus“ (Art. Traumbuch 2 69). Ohnehin ließ Artemidorus neben der Traumdeutung nur die Astrologie als wahre Wahrsagekunst zu.

Dennoch, trotz ihrer relativ einfachen Handhabung und schnellen Durchführbarkeit können Zufallsorakel nicht zwangsläufig als „minderwertige“ Orakel verstanden werden. So waren Zufallsorakel nicht selten in eine der großen „seriösen“ Orakelstätten integriert, die eigentlich mit einer anderen Methode arbeiteten. Es gibt verschiedene Berichte über ein Losorakel im Heiligtum von Delphi. Unter der Krepsis des Apollontempels von Klaros fand man mehrere Astragale aus Bronze. Im Orakel von Didyma sollen ähnliche Bronzeastragale als Weihgeschenke für den Gott gestiftet worden sein, die für so wertvoll empfunden wurden, dass sie 494 v. Chr. von den Persern bei ihrer Plünderung geraubt wurden. Die Inschriften aus Delphi weisen den Vorgang zudem als ebenso teuer wie eine inspirierte Orakelbefragung aus. Dies hing sicherlich auch damit zusammen, dass sowohl die Zufalls- wie auch die Hauptorakel vom Kultpersonal selbst durchgeführt wurden, was für ein zumindest ähnlich hohes Ansehen beider Varianten spricht. Das Nebeneinander verschiedener Methoden scheint vielmehr dem Bedürfnis der Klienten zu folgen, die aufgrund zeitlicher, organisatorischer oder kultischer Gründe die eine oder andere Variante bevorzugten. Dennoch ist festzuhalten, dass nicht zuletzt die relativ seltene Erwähnung in epigraphischen und vor allem literarischen Quellen darauf hinweist, dass auch zwischen der Haupt- und der Zufallsorakelmethode zumindest in den großen überregionalen Heiligtümern wie Delphi ein klarer Bedeutungs- bzw. Beliebtheitsunterschied zu verzeichnen ist. Doch wie funktionierten die Losorakel eigentlich?

## Astragal- und Würfelorakel

Sowohl bei Astragal- als auch bei den Würfelorakeln geht es darum, eine bestimmte Zahlenabfolge zu erlosen, der wiederum eine bestimmte vorgefertigte Antwort zugeordnet wird. Als Astragale werden die Knöchel der Hinterfüße von Paarhufern wie Ziegen, Schafen oder Schweinen bezeichnet (Abb. 12). In der Regel wurden sie aus den Abfallprodukten von Schlachtopfern hergestellt, in wenigen, vermutlich eher als Votivgaben genutzten Ausnahmen wie dem Bronzeastragal von Didyma können sie aber auch aus anderem Material bestehen. Astragale wurden spätestens seit hellenistischer Zeit vor allem als Kinderspielzeug verwendet. Da sie jedoch nur selten bearbeitet sind, ist ihre Datierung ohne einen Fundzusammenhang schwierig. Seit etwa dem 5. Jh. v. Chr. treten sie jedoch bereits in Heiligtümern auf. Einen eigens für das Würfelorakel eingerichteten Kultort gab es z. B. in Bura im griechischen Achaia. Laut Pausanias existierte hier ein Orakel des Herakles in einer Höhle außerhalb der antiken Stadt. Dort stand eine kleine Statue des Heros. Für dieses Heiligtum beschreibt Pausanias das Ritual relativ genau. Demnach betete man zunächst vor der Statue, nahm dann vier der hier „reichlich liegenden“ Astragale/Würfel und warf diese auf einen Tisch. Aus einer Liste konnte man dann die passende Antwort entnehmen

*Abb. 12: Astragale. Badisches Landesmuseum Karlsruhe.*

(Paus. 7,25). Da man hier augenscheinlich kein eigenes Kultpersonal beschäftigte, scheint das Heiligtum nicht sonderlich groß gewesen zu sein – wenn auch so beliebt, dass es dem reisenden Schriftsteller gezeigt wurde.

Besonders zahlreich waren Astragal- und Würfelorakel im 2. Jh. n. Chr. in Kleinasien vertreten. In diesem Fall jedoch wurde die Orakelmethode nicht in einem bestimmten Heiligtum, sondern vor allem an öffentlichen Plätzen praktiziert. So zeigt eine umfangreiche Studie der letzten Jahre mehr als 16 Fundplätze allein im Süden der heutigen Türkei auf. Viel Fläche brauchte ein solches Orakel aber auch hier nicht. Es genügte ein Tisch oder eine glatte Fläche zum Werfen der Würfel oder Astragale und eine meist riesige Stele auf der die Antworten eingraviert waren. Auf deren Spitze thronte häufig eine Statue des Schutzgottes Hermes. Die Orakel waren oftmals Stiftungen reicher Einwohner oder Beamter, deren Name gut sichtbar auf den Antworttafeln angebracht waren, um sich bei der Bevölkerung beliebt zu machen.

Wie aber funktionierte ein solcher Wurf? Entgegen einem sechsseitigen Würfel sind die Fallwahrscheinlichkeiten aufgrund der natürlichen Form der Knochen nicht einheitlich. Astragale haben vier Seiten, die jeweils einem bestimmten Zahlenwert zugeordnet wurden: Entgegen einem heutigen Würfel fehlten die Zahlen 2 und 5. Die jeweils gegenüberliegenden Seiten bildeten dabei immer die als magisch bezeichnete Zahl 7. Je nachdem konnten ein oder mehrere Astragale geworfen werden, deren Augen dann zusammengezählt wurden. Bei den kleinasiatischen Orakeln warf man fast immer fünf Mal, so dass es 56 mögliche Zahlenkombinationen gab. Ebenso viele Sprüche standen auf den Antworttafeln, die der Übersichtlichkeit halber nach Summenwerten geordnet waren. An oberster Stelle stand also der Spruch, der zu dem Wurf 1, 1, 1, 1, 1 (Quersumme: 5) gehörte. Dann folgte 1, 1, 1, 1, 3 (Quersumme: 7) usw. bis hin zum letzten Spruch 6, 6, 6, 6, 6 (Quersumme: 30). Jeder Spruch bestand aus fünf Zeilen und war in Hexametern „gedichtet". Nicht jede Tafel zeugt dabei von demselben dichterischen Talent – viele Hexameter sind falsch gebaut und klingen eher holprig.

Die Antworten auf den erhaltenen Pfeilern sind jeweils einer bestimmten Gottheit zugeordnet, wobei es sich nicht um 56 verschiedene Götter, sondern zum Teil um unterschiedliche Epiklesen (Beinamen) handelt. So kommen neben Aphrodite, Hera, Athena oder Poseidon auch Zeus Olympios, Zeus Soter und Zeus Katachthonios vor. Der letzte Spruch stand unter dem Schutz des Hermes Tetragonos. Der Inhalt der Texte ist in der Regel aufmunternd und bezieht sich auf so allgemeine Themen wie Reise, Gesundheit, Heirat oder persönliches Glück. Dabei sind sie keine eigentlichen Vorhersagen, sondern sind eher als allgemein gültige Entscheidungshilfen zu verstehen. So lautet der Spruch bei der Wurfkombination aus 1, 1, 1, 6, 4 (Quersumme: 13) etwa vielversprechend: „Von Aphrodite fallen drei Einser, dann ein Sechser, als Fünfter ein Vierer. Reise, wohin du willst! Froh wirst nämlich nach Hause du kommen, finden wirst du und tun, was du in deinem Herzen erwägst. Aber bete zu Aphrodite und zum Sohn der Maia (Hermes)." Keiner der Sprüche ist vollends hoffnungslos, in der Regel wird der Werfer lediglich auf einen günstigeren Zeitpunkt für sein Anliegen vertröstet. Nur selten sind Sprüche wie dieser: 1, 6, 6, 6, 3 (Quersumme: 22) – „Von den Moiren fallen ein Einser, darauf drei Sechser, als Fünfter ein Dreier. Leg deine Hand dem Wolf nicht in den Rachen, damit dir kein Leid geschieht. Das Geschäft, nach dem du fragst, ist unsicher. Bleib ruhig, vermeide Reise und Handel." Statistisch gesehen, konnte der Fragesteller beim nächsten Wurf aber sicherlich mit einer besseren Antwort rechnen.

## Homeromantik

Eine besondere Variante des Würfelorakels war das so genannte Homerorakel. Der Zahlenwert der Würfel wurde dabei durch einen Buchstaben ausgedrückt. Alpha stand für 1, Beta für 2, Gamma für 3, Delta für 4, Epsilon für 5 und Sigma für 6. Insgesamt würfelte man dreimal, so dass es 216 verschiedene Kombinationen gab. Diese waren jeweils einem bestimmten Homervers zugeordnet, den man nachzuschlagen hatte. Dabei handelte es sich auch hier um eher allgemeingültige Sätze, wie etwa bei der Kombination Alpha/Gamma/Gamma, der Vers aus der *Ilias*: „Trete ich ihnen entgegen; nicht lässt mich verzagen Pallas Athene" (Hom. Il. 5, 256). Für eine Steinstele wären die 216 Verse zu aufwendig gewesen. Daher verzeichnete man sie vor allem in Form von Schriftrollen oder Kodices (Bücher), die dann, handlich verpackt, auch im Privatbereich angewendet werden konnten. Das British Museum in London beherbergt eine solche 2 m lange und 33 cm breite sehr gut erhaltene Schriftrolle aus dem 3. oder 4. Jh. n. Chr., die neben den Buchstabenkombinationen und den dazugehörigen homerischen Texten auch einige Zauberrezepte enthält. Eine unvollständige „Taschenausgabe" (Kodex 8,6 cm × 13,2 cm) wurde zudem in Oxyrhynchos in Ägypten gefunden.

## Buchstabenorakel

Dem Alphabet sprach man in der Antike magische Fähigkeiten zu: Mit ihm konnte man Beschwörungen vornehmen, Krankheiten heilen und ungeliebte Menschen verhexen. Auch die in Kleinasien weit verbreiteten Buchstabenorakel sind als Variante der Astragal- und Würfelorakel anzusehen. Man erloste entweder mit Würfeln, Astragalen oder Losen einen der 24 Buchstaben des griechischen Alphabets, denen wiederum 24 Verse zugeordnet waren. Damit war diese Methode weitaus schneller und unkomplizierter als das mehrfache Werfen und Rechnen der Astragale. In manchen Fällen wurden die Buchstaben auch einfach nur aus einem Lostopf gezogen. Auch die Antworten waren weitaus kürzer, wenn auch nicht weniger trivial als die der Astragalorakel: Von „A" wie „Alles wirst du glücklich tun, das sagt der Gott" über „K" – „Mit Wogen ist es schwer zu kämpfen. Drum wart ‚ne Weile" bis „Ω" – „Pflückst du die grüne Frucht, so hast du keinen Nutzen" war jede Binsenweisheit vertreten.

Wie etwa das Buchstabenorakel am Stadttor von Sigrilik in Pisidien beweist, wurden Tafeln mit Antwortversen ebenso wie andere Zufallsorakel häufig an besonders frequentierten Plätzen innerhalb der Stadt installiert. Die Orakeltafel von Pisidien war direkt in den anstehenden Feld gehauen, so dass ein Reisender quasi im Vorbeigehen ein schnelles Orakel für den Ausgang seiner Reise werfen konnte. Im Apollontempel von Hierapolis, direkt über dem dortigen Plutonium, fanden sich außerdem Reste eines Buchstabenorakels an der Tempelaußen- und -innenwand. Doch auch wenn das Orakel hier unter der Herrschaft des Apollon selbst stand – gegen die spektakulären Demonstrationen der Galloipriester der Kybele im Untergeschoss hatte es vermutlich nur wenig Chancen.

## Kleromantik

Kleromantik (griech.: *klaernsis* bzw. lat.: *sortitio*) bedeutet das Ziehen oder Werfen von bestimmten, künstlich hergestellten Gegenständen wie eingekerbten Holzstäben oder natürlichen wie verschieden farbigen Blättern, Bohnen oder Steinen. Besonders in den italischen Orakeln spielte das Losorakel mit Holz- oder Bronzelosen eine wichtige Rolle, wie wir an den Beispielen von Praeneste und Ostia in den folgenden Kapiteln noch sehen werden. In griechischen Heiligtümern war vor allem das Bohnenorakel weit verbreitet.

Bohnenorakel wurden spätestens seit dem 4. Jh. v. Chr. in Dodona und Delphi durchgeführt. Ein weiteres existierte möglicherweise in Olympia. In der Regel ließ diese Form der Mantik nur die Antworten ja oder nein zu, denn in dem Topf aus dem man ziehen musste, befanden sich nur schwarze und weiße Bohnen. Schon die Frage musste also entsprechend formuliert werden.

Während in vielen Fällen die Klienten selbst das Zufallsorakel durchführten, scheint das Bohnen- oder Losorakel in den großen überregional bekannten Heiligtümern an das Kultpersonal gebunden gewesen zu sein. In Dodona war es die diensthabende Priesterin, die dem spartanischen Gesandten die Antwort gab (Cic. de div. 1,34,76), in Delphi die Pythia selbst (Plut. mor. 492). Die damit verbundene engere Bindung an eine göttliche Instanz scheint die Seriosität und damit auch den Preis des Zufallsorakels deutlich erhöht zu haben. Da der Preis des delphischen Bohnenorakels, einer Inschrift zufolge derselbe war wie der eines inspirierten Orakels, ist anzunehmen, dass damit der Aufwand des Rituals bewertet wurde, und vermutlich auch, dass der Ablauf eines Bohnenorakels bis auf den entscheidenden Moment des Orakelspruches bzw. des Losziehens dem des inspirierten Orakels glich.

## Von Flüsterorakeln und Wahrsagemaschinen

Der Erfolg der Alltagsorakel – und die damit verbundene schnelle Möglichkeit Geld zu verdienen – führte dazu, dass immer neue Methoden auf den Markt erschienen. Eine durchaus einfache und sicher kostengünstige Methode war das so genannte Flüsterorakel von Pharai im Norden der Peloponnes (Paus. 7,22). Mitten auf dem Marktplatz stand hier eine Marmorbüste des Gottes Hermes. Davor stand ein marmorner Herd mit bronzenen Lampen. Wer den Gott befragen wollte, kam des Abends, füllte die Lampen mit Öl, zündete sie an und opferte einen kleinen Geldbetrag in einen bereitstehenden Opfertopf. Dann flüsterte er der Büste seine Frage ins Ohr und entfernte sich mit zugehaltenen Ohren. Erst wenn man den Marktplatz

*Abb. 13: Orakelapparat Pergamon. Staatliche Museen zu Berlin, Antikensammlung.*

verlassen hatte, durfte man die Hände von den Ohren nehmen. Die Worte, die man unmittelbar darauf als Erstes hörte, galten als Vorhersage.

Im kleinasiatischen Pergamon wurde bei den dortigen Ausgrabungen des Deutschen Archäologischen Instituts eine Apparatur entdeckt, die aufgrund ihrer Fundlage ins 3. Jh. n. Chr. datiert wurde. Es handelt sich um eine dreieckige Platte mit einer Stütze in der Mitte, auf der eine kreisförmige Scheibe angebracht werden konnte (Abb. 13). Alle Teile sind aus Bronze und mit verschiedenen Figuren, magischen Zeichen und Buchstaben verziert. An der beweglichen Scheibe konnte außerdem ein Zeiger montiert werden. Forscher, die diesen Apparat untersuchten, kamen zu dem Schluss, dass man die Scheibe – ähnlich einem heutigen Glücksrad nur in der Waagerechten – zunächst in Rotation versetzen musste; das Feld, auf das der Zeiger verwies, wurde als Antwort gedeutet. Dabei könnte das Bild entweder eine ganze Antwort symbolisieren oder aber, was wahrscheinlicher ist, da es mehr Varianten bot, als Teil einer Antwort gewertet werden. In diesem Fall musste die Scheibe mehrfach gedreht werden. Wo der Apparat benutzt wurde, ob auf einem öffentlichen Platz oder im Privatbereich, ist ungeklärt. Da er aber zu einem handlichen tragbaren Paket zusammengelegt werden kann, ist es durchaus vorstellbar, dass er einem fahrenden Magier oder Weissager gehörte, der damit auf dem Markt sein Geld verdiente.

Ein letztes eher abschreckendes Beispiel sei schließlich aus der Literatur zitiert. Im Jahre 371 n. Chr., so berichtet der Historiker Ammianus Marcellinus (29,1,28–33), wurden zwei Männer von höchster Stelle angeklagt, weil sie versucht hatten, durch ein Orakel den Namen des kommenden Kaisers herauszufinden. Hierzu verwendeten sie eine Schale, an deren Rand die einzelnen Buchstaben des Alphabets eingraviert waren. Mit Hilfe eines Ringes, der an einem dünnen Faden darüberhing und in Schwingung versetzt auf einzelne Buchstaben wies, sollen sie auf den Namen „Theo" gekommen sein. Fälschlicherweise vollendeten sie die Kurzform mit Theodorus und nicht – wie es später tatsächlich eintrat – mit Theodosius. Beide Männer erhielten für dieses Vergehen die Höchststrafe: sie wurden mit Zangen verstümmelt und dann getötet. Das eine scheinbare Kinderei mit einer solch grausamen Strafe geahndet wurde, war in der Spätantike nicht ungewöhnlich. Bestraft wurde auch nicht die Tat an sich, sondern der Versuch, den Namen des künftigen Kaisers herauszufinden. Dies war allein dem amtierenden Kaiser vorbehalten – und nicht einmal Apollon selbst durfte sich darin einmischen.

# Römische Orakel

Betrachtet man allein die archäologische Überlieferung der italischen Halbinsel, könnte man annehmen, in der römischen Kultur hätte es so gut wie keine Orakel gegeben. Tatsächlich gibt es in ganz Italien bis auf wenige Ausnahmen keine Heiligtümer, deren Hauptfunktion die Divination war. Selbst in so gut erhaltenen Grabungen wie Pompeji oder Herkulaneum finden sich keinerlei Hinweise – keine Inschrift, keine Gerätschaft, kein besonderes Bauwerk – auf irgendeine Form der Wahrsagekunst – weder im privaten noch im öffentlichen Bereich. Und tatsächlich – obwohl der Begriff *divinatio* sich von dem lateinischen Wort *divus* (göttlich) entlehnt und *„das Wissen von den zukünftigen Ereignissen“* (Orig. Cels. 4,88) bezeichnet, gab es in Italien, im Gegensatz zur griechischen Tradition, zu keinem Zeitpunkt ein unabhängig agierendes Orakelheiligtum, das wie etwa Delphi, Einfluss auf staatliche Entscheidungen besessen hätte.

Wendet man sich jedoch den Texten der römischen Historienschreiber zu, ergibt sich ein völlig anderes Bild. Livius etwa beschreibt in seinen uns heute noch erhalten Historien, die ungefähr die Jahre von 219 bis 167 v. Chr. abdecken, Divination als einen omnipräsenten Teil der gesamten römischen Religion. Vor fast jeder öffentlichen Entscheidung wurde einer der drei wichtigsten römischen Wahrsagekollegien (Auguren, Haruspices und die Hüter der Sibyllinischen Bücher) zu Rate gezogen. Welche Rolle die Divination im Privatleben der Römer spielte, lässt sich dagegen nur erahnen. Die Geschichtsschreibung schweigt sich darüber aus oder lästert über die taschenspielerischen Methoden gewisser herumreisender Wahrsager. Woher aber kam dieser völlig andere Zugang zur Divination in Italien?

## Etrusca disciplina

### Etruskische Haruspices und römische Auguren

Vor langer Zeit pflügte ein etruskischer Bauer namens Tarchon seine Felder. Als seine Pferde plötzlich innehielten und er sich umsah, erkannte er in der soeben umgepflügten Erde ein kleines menschliches Wesen, das sich den Weg ans Tageslicht erkämpfte. Tarchon erschrak zunächst, denn auf dem Körper eines Kleinkindes saß der Kopf eines alten Greises. Das Wesen, das sich Tages nannte, forderte den *lukumo* (König) des Ortes zu sprechen, und als dieser erschien, offenbarte es ihm eine Reihe von religiösen Ritualen, die der König niederschreiben ließ und die von da an unter der Bezeichnung *Etrusca disciplina* von Generation zu Generation weitergegeben wurden. Tarchon aber wurde der erste Priester dieser Disziplin und zugleich der Begründer der nach ihm benannten ältesten Stadt Etruriens: Tarquinia (Liv. 5,33,9).

Bis weit in die Spätantike wurde das Geheimnis der Schriften von der etruskischen Priesterschaft, die sich aus den führenden Familien der Stadtstaaten rekrutierten, streng gehütet. Sie beinhalteten unter anderem die *libri fulgurales* (Blitzlehre), die *libri haruspicini* (Eingeweideschau) und die *libri rituales* (Ritualbücher) und waren ursprünglich in etruskischer Sprache verfasst. Die originale Überlieferung ist, wie das gesamte religiöse Schrifttum der Etrusker, verloren gegangen, doch konnte der schwedische Historiker Carl Thulin Anfang des 19. Jhs. aus den Überlieferungen verschiedener römischer Autoren, wie Varro, Cicero, Seneca oder Plinius, wesentliche Teile der etruskischen Disziplin rekonstruieren.

## Divination bei den Etruskern

Funde der archäologischen Forschung vervollständigten das Bild. Eines der wichtigsten Dokumente ist die so genannte Bronzeleber von Piacenza, benannt nach ihrem Fundort, einem Feld bei der norditalienischen Stadt Piacenza, wo sie 1877 durch Zufall zutage gefördert wurde. Es handelt sich um das lebensgroße Modell einer Schafleber aus Bronze, das in die zweite Hälfte des 2. Jhs. v. Chr. datiert wird. Vermutlich diente es zu Lehrzwecken für etruskische Priesteranwärter, denn die gesamte Leber ist durch eingeritzte Linien in 16 Felder am äußeren Rand und 24 im Inneren unterteilt, die jeweils mit unterschiedlichen Götternamen aus dem etruskischen Pantheon beschriftet sind. Je nachdem, an welcher Stelle sich die Oberfläche der Leber eines frisch geopferten Schafes von dem Normalzustand abhob, machte sich das Wirken oder der Wille der dort verankerten Gottheit bemerkbar.

Im Gegensatz zu den Griechen und Römern hatten die Etrusker klare Vorstellungen davon, wo ihre Götter im Einzelnen lebten und wie sie von dort Einfluss auf die Geschicke der Menschen nahmen. Ihr Wirken war allgegenwärtig und wurde jederzeit und überall beobachtet und in private wie öffentliche Entscheidungen eingebunden. Wo aber fand man die Götter?

Die Etrusker stellten sich das Himmelsgewölbe als Kreis vor, der in 16 gleich große nach den Haupthimmelsrichtungen orientierte Bereiche geteilt war. Die beiden Hauptrichtungen nannten sich *cardo* und *decumanis*. Die Römer übernahmen diese beiden Bezeichnungen später für die beiden Hauptstraßen ihrer Stadtgründungen. Die 16 Felder wurden jeweils von einem bestimmten Gott bewohnt. Welche dies waren, steht unter anderem auf dem Rand der oben genannten Bronzeleber geschrieben. Im Nordosten wohnten dabei die höchsten Götter, Tinia (Zeus), Uni (Hera) und ihre Tochter Menerva/Tecum. Tinia besaß drei Felder für sich allein. In den südlichen Vierteln wohnten die Götter der Erde bzw. der Natur, angeführt von Nethuns (Poseidon), Ca(v)th(a), einer Sonnengottheit, und Fufluns, dem Gott des Weines. In der südlichen Himmelshälfte folgten Cel, die mütterliche Erdgöttin und Cull(sans?). Letzterer, ein zweigesichtiger jugendlicher Gott, bewachte als Torwächter auch den Eingang zur etruskischen Unterwelt. Deren Götter dominierten schließlich den Nordwesten des Himmels – ein Zeichen aus dieser Himmelsrichtung war daher alles andere als Glück verheißend. Als Zeichen galten sowohl bestimmte Wolkenformen, aber auch starke Winde oder der Flug besonderer Vögel. Die bedeutendsten, da eindrucksvollsten Zeichen waren Blitze. Sie bestimmten nicht nur das Schicksal des Einzelnen, sondern das ganzer Stadtstaaten. Der wichtigste Blitzeschleuderer war natürlich Tinia (Zeus). Doch anders als im griechischen und römischen Pantheon, wo allein Zeus das Privileg zukam, konnten bei den Etruskern mehrere Götter Blitze schleudern. Plinius zufolge waren es neun Götter, die über elf Blitze verfügten. Drei davon standen Tinia zu: ein verheerender, ein günstiger und ein weniger günstiger. Schließlich wurde nicht nur ein Blitz an sich gedeutet – es war ebenso wichtig, aus welcher Richtung er kam, welche Farbe oder Form er besaß, wo er einschlug und wie stark dieses Ereignis war. In den *libri fulgurales* der *Etrusca diciplina* konnte man jedes dieser Details nachlesen – wer den Blitz sandte, ob er eine Warnung, eine Erinnerung oder ein Befehl war, was er für die Gegenwart oder die Zukunft bedeuteten – und schließlich auch, was man tun musste, um ein etwaiges negatives Zeichen zu sühnen.

Prinzipiell konnte jeder, der eine gewisse Ausbildung besaß die Zeichen deuten – selbst Frauen. Livius erzählt, dass Tanaquil, eine etruskische Aristokratin, mit ihrem Mann Lucumo auf dem Weg von Tarquinia nach Rom war, als ein Adler vom Himmel herabstieß und den Hut des Mannes stahl. Nach kurzem Flug kam er zurück und setzte ihn wieder auf Lucumos Kopf. Tanaquil deutete dies als glückliches Vorzeichen und prophezeite ihrem Mann eine erfolgreiche Zukunft in der Stadt, aus welcher der Adler gekommen war: Rom. Natürlich sollte sie Recht behalten. In Rom angekommen änderte Lucumo seinen Namen in Lucius Tarquinius Priscus und wurde nach kurzer Zeit zum König ausgerufen (Liv. 1,34,8).

Zuständig für die professionelle Deutung der Zeichen war jedoch in der Regel ein besonders ausgebildeter Priester, der so genannten Haruspex (etr. *netsvis*). Er war es auch, der nach der Beobachtung und Deutung z. B. eines Blitzes das entsprechende Sühneritual durchzuführen hatte. Ein besonders mächtiger Haruspex konnte einen Blitz zudem nicht nur erklären und sühnen, sondern in besonderen Fällen auch selber hervorrufen. Plinius etwa erzählt eine Geschichte, in der ein Monster namens Olta das

Gebiet um Volsinii in Angst und Schrecken versetzte. König Porsenna, der gleichzeitig auch Priester und Haruspex war, rettete die Stadt, indem er das Wesen mit einem Blitz tötete (Plin. nat.. 2,53,140). Noch im Jahre 408 n. Chr., so der griechische Historiker Zosimus, sollen etruskische Priester ihre Dienste in Rom angeboten haben, um die Armee des herannahenden Gothenkönigs Alerich mit einem Blitz zu vernichten. Ihr Angebot wurde jedoch dankend abgelehnt – zu groß war mittlerweile die christliche Gemeinde in Rom, die an den antiquierten Riten auf dem Kapitolshügel hätte Anstoß nehmen können (5,41,1).

Ein Haruspex war überall an seiner auffälligen Tracht zu erkennen, die sich im Laufe der Jahrhunderte nur wenig geändert hatte. Über einer langärmligen Tunika, die bis über die hohen Stiefel reichte, trug er Sommers wie Winters einen dicken unregelmäßig geschnittenen Mantel, der vermutlich aus einem umgedrehten Schafsfell bestand und der an der Schulter mit einer altmodischen Fibel zusammengehalten wurde. Auf dem Kopf saß ein hoher konisch geformter Hut, der unterhalb des Kinns mit einem Riemen gehalten wurde. Häufig ist er in gebückter Haltung dargestellt, mit einem Knie aufgestellt auf einem Stein oder Baumstumpf und mit einer Tierleber in der Hand. Neben der Himmeldeutung war nämlich die Leberschau die wichtigste Disziplin der etruskischen Haruspices. Zwar gab es die Leberschau auch im frühen Griechenland, doch war sie dort niemals von so großer Bedeutung wie in Etrurien. Die etruskologische Forschung ist sich daher weitgehend einig, dass die Vorbilder eher in der babylonischen Kultur zu suchen sind. Über Handelswege seien sie aus dem Alten Orient bis nach Italien gekommen und dort besonders in den norditalischen Gebieten perfektioniert worden. Verschiedene bildliche Darstellungen zeigen, wie eine solche Leberschau vor sich ging. Auf einem Bronzespiegel aus der zweiten Hälfte des 4. Jhs. v. Chr. (Abb. 14), heute im archäologischen Museum von Florenz, sieht man in der Mitte einen recht jugendlichen Haruspex, möglicherweise der Sohn des ersten Priesters Tarchon, in der typischen Tracht mit langen Mantel und hohem Hut. Mit seinem linken Fuß steht er auf einem Felsen und stützt damit die linke Hand, die die Leber des Opfertieres hält. Mit der anderen untersucht er das Organ nach Unebenheiten. Links von ihm steht ein bärtiger älterer Mann mit einem langen Stab, der ihn interessiert beobachtet. Die darüber eingeritzte Inschrift *avl(e) tarchunus* könnte ihn als Tarchon selbst ausweisen, der seinen Sohn bei der Leberschau unterweist. Eingerahmt wird die Szene von drei Götterfiguren: einem bärtigen Nackten mit Speer und Mantel am rechten Rand, *veltune* überschrieben und vermutlich der Nationalgott Etruriens, der Göttin der Morgenröte *thesan* im Hintergrund und einem jugendlichen Nackten mit Lorbeerzweig links, der mit dem Namen *rathlth* überschrieben ist und in der Forschung als diejenige Gott-

*Abb. 14: Bronzespiegel. Umzeichnung eines etruskischen Spiegels aus dem 3. Jh. v. Chr. Archäologisches Museum Florenz.*

heit gedeutet wird, in deren Heiligtum die Befragung stattfand. Damit stellt die Szene sowohl einen realen Vorgang, nämlich die Leberschau, wie auch dessen mythologischen Ursprung dar.

## Der Weg nach Rom

Im 5. Jh. v. Chr. erfasste Etrurien eine politische und wirtschaftliche Krise, die vor allem die mittelitalienischen Küstenstädte in Mitleidenschaft zog. Rom erholte sich gegen Ende des Jahrhunderts als Erstes wieder und begann seitdem immer weiter zu expandieren. 396 v. Chr. wurde nach längerer Belagerung und zahlreichen Kämpfen das einst mächtige etruskische Veji erobert. Auch mit Tarquinia kam es seit dem frühen 4. Jh. v. Chr. zu kriegerischen Auseinandersetzungen. Aber erst 281 v. Chr. konnte Rom die Stadt endgültig bezwingen. Mit zwei anderen wichtigen etruskischen Städten, Cerveteri und Chiusi, teilten die Römer dagegen schon früh gemeinsame wirtschaftliche und politische Interessen. Vornehme Römer sandten noch im 4. Jh. v. Chr. ihre Kinder zur Ausbildung nach Cerveteri. 386 v. Chr. brachten die Römer hier ihre allerheiligsten Gegenstände, die *sacra* und die Sibyllinischen Bücher unter, als der Gallier Brennus mit seinen Truppen die Stadt bedrohte. 335 v. Chr. erhielten die Bürger Cerveteris schließlich als erste in Etrurien den Status römischer Halbbürger. Zwar besaßen sie nun in gesellschaftlicher und juristischer Hinsicht dieselben Rechte wie ihre stadtrömischen Nachbarn – de facto aber wurde Rom damit zum bestimmenden Part des Abkommens. Zwar blieben sie kommunal und kulturell selbständig, außenpolitisch aber waren nun alle etruskischen Städte von Rom abhängig. Und da die meisten von ihnen innenpolitisch zerrüttet und auch ihre Bündnisse untereinander mehr als instabil waren, fehlte ihnen jegliche Voraussetzung für einen gemeinsamen Aufstand gegen den übermächtigen Nachbarn. Scheinbar wollten sie dies auch gar nicht mehr. Seit dem 2. Jh. v. Chr. finden sich Mitglieder der etruskischen Oberschicht im römischen Senat. Im 1. Jh. v. Chr. wurde das Etruskische mit der *lex Iulia* durch das Lateinische verdrängt. Noch immer gab es Widerstände – doch zeitgleich war Rom als kulturelles Zentrum bereits so attraktiv, dass sich die etruskische Aristokratie mit ihr voll identifizieren konnte.

Ihren Traditionen – vor allem den rituellen – blieben sie dennoch bis in die Spätantike eng verbunden. Und bezüglich ihrer hoch entwickelten Divinationsmethoden waren sie den Römern sogar soweit voraus, dass etruskische Haruspices in Rom ein hohes Ansehen genossen. Denn während die Etrusker in eine direkte Kommunikation mit den göttlichen Mächten treten und zudem auch Informationen über die Zukunft einholen konnten, waren die Auguren der Römer lediglich in der Lage, Zustimmung oder Ablehnung der Götter in Bezug auf eine bestimmte akute Entscheidung zu erfragen. Wie der Etruskologe Friedhelm Prayon bemerkt, ist dieser strukturelle Unterschied nicht zuletzt auf die unterschiedliche Sichtweise des eigenen Kosmos zurückzuführen. Die Kunst und Ikonographie, wie etwa die aufwendigen Grabanlagen der Etrusker, weisen darauf hin, dass diese sich in einen kommunizierenden Kosmos zwischen Diesseits und Jenseits eingebunden fühlten, der sowohl das individuelle wie auch das öffentliche Leben prägte. Die Römer zeigten sich den Göttern gegenüber dagegen weitaus distanzierter. Sie waren zwar an deren „Meinung" interessiert und trugen ihren Forderungen Rechnung, doch waren sie weitaus stärker auf die Bedürfnisse des Alltags bzw. der *res publica* konzentriert. Letztendlich erwies sich diese eher pragmatische Haltung der Römer als effektiver, denn sie bildete eine wesentliche Voraussetzung für den Erfolg des römischen Reiches. „Der Unterschied zwischen uns und den Etruskern, deren höchste Kenntnis in der Auslegung der Blitze liegt, ist folgender", bringt Seneca nicht ohne Ironie die theologische Diskussion auf den Punkt (2,32,1). „Wir meinen, es entstehen Blitze, weil die Wolken zusammenstoßen; jene aber glauben, die Wolken stoßen zusammen, damit die Blitze entstehen. Da sie nämlich alles auf die Gottheit zurückführen, halten sie an dieser Meinung fest, als ob die Blitze nicht, weil sie stattfinden, ein Zeichen geben, sondern stattfinden, weil sie Zeichen sein sollen." Wie so häufig behandelten die Römer auch die ihnen überlegene etruskische Divination mit einer gewissen Herablassung.

Spätestens seit dem Ende des 3. Jhs. v. Chr. versahen etruskische Haruspices ihr Amt auch in Rom. Während der Begriff in Etrurien den Beruf des Eingeweideschauers, aber auch des Zeichen- und Vogelflugdeuters umfasst, bezeichnet er in der römischen Überlieferung aber lediglich die Deutung der Innereien eines frisch geopferten Tieres. Nach Aufforderung durch den Senat gab der Haruspex Gutachten *(responsa)*, die im Anschluss vom Senat unter Mithilfe römischer Priester interpretiert und umgesetzt wurden. Wie in Etrurien wurde dabei die Leber eines Opfertieres anhand ihrer Größe und Form beurteilt. Beobachtet wurde neben der Form und Vollständigkeit der Eingeweide auch das Verhalten des Opfertieres (Abb. 15). Alles in allem war dies ein sehr komplizierter Vorgang. Wurde nur ein Teil des Rituals falsch oder ungenau ausgeführt oder wurde der Haruspex gestört, musste der Priester von vorne anfangen. War z. B. etwas mit der *exta* nicht in Ordnung, wenn etwa ein Teil der Leber fehlte oder das Organ nicht fachgerecht entfernt worden war, bedeutete dies, dass das Opfertier dem Ritual nicht zugestimmt hatte oder dass es von den Göttern abgelehnt worden war. In diesem Fall musste man mit einem neuen Opfertier noch einmal beginnen. War das Opfer angenommen, nannte man dies *perlitatio.* Ein vollständig durchgeführtes, erfolgreiches bzw. zustimmendes Opfer wurde als *litatio* bezeichnet. Zur Interpretation der Leberbeschaffenheit griff der Haruspex auch in Rom auf die etruskischen Texte zurück, die später durch verschiedene römische Autoren ins Lateinische übersetzt wurden. Ziel des Rituals war es in Rom jedoch weniger eine zusammenhängende Antwort, sondern lediglich eine zustimmende oder ablehnende Haltung der Götter gegenüber einer bestimmten Handlung zu erhalten. Im Fall eines schlechten Vorzeichens war es zudem von Interesse, die richtige Sühnung *(procuratio)* zu finden.

Besonders seit dem 1. Jh. v. Chr. wurde vor fast allen wichtigen Ereignissen außerhalb Roms zudem eine einfachere, schnellere Form der Eingeweideschau genutzt, die etwa unmittelbar vor Beginn einer Schlacht durch-

*Abb. 15: Opferschau. Römisches Relief. 1. Jh. n. Chr. Umzeichnung. Louvre, Paris.*

geführt werden konnte. Im 3. Jh. n. Chr. weisen Inschriften die Existenz von so genannten Legions-Haruspices nach. Römische Kaiser bevorzugten zudem ihre privaten etruskischen Leib-Haruspices, die sie überall hin begleiteten und beraten konnten.

## Ex tripudiis – Die heiligen Hühner und die Auguren Roms

Ein typisch römisches Priesteramt war dagegen das Amt des Auguren (von *auctor,* lat. vermehren). Ähnlich den etruskischen Haruspices war die Funktion eines Auguren dabei die eines Vermittlers zwischen dem Willen der Götter, speziell Jupiters, und den Taten der Menschen. Vor nahezu jeder offiziellen Entscheidung, egal, ob es sich dabei um die Vereidigung eines neuen Senatsmitgliedes, den Bau eines Tempels oder den Beginn eines Feldzuges handelte, wurde er daher zu Rate gezogen. Durch das *lex augur*, das angeblich auf Romulus selbst zurückgeführt wurde, war der Augur dabei zwar offiziell unabhängig vom jeweiligen Machtinhaber, diesem jedoch auch eindeutig untergeordnet. Somit durfte er keine eigenen Entscheidungen treffen, sondern nur die des Machthabers bzw. der Götter bestätigen oder ablehnen (Cic. de div. 1,3). Dennoch – mit ihrem Veto konnten sie wichtige Entscheidungen des Staates blockieren – was nicht zuletzt Cicero, der selbst Augur gewesen war, als nützliche Barriere gegen ein Übergreifen der Popularen ansah.

Die offiziellen römischen Auguren waren in drei verschiedenen Vereinen organisiert: die *auguri publici*, die *auguri populi Romani* und die *auguri populi Romani Quiritium*. Ihre Ursprünge führten sie einerseits auf Romulus selbst, aber auch auf Numa, den mythischen König und Organisator der Priesterämter zurück. Der Dienst eines Auguren währte ein Leben lang. Sie wurden durch Kooptation (Ergänzungswahl) rekrutiert, wodurch ihre Zahl mit der Zeit immer weiter anstieg. Während es laut Livius am Anfang drei gewesen waren – je einer pro Tribus –, waren es zwischenzeitlich vier, dann neun und unter Caesar sogar 16. Ihre Hauptaufgabe bestand in den so genannten *inaugurationes* von Menschen bzw. Orten. Wurde ein neuer Magistrat oder aber ein Priester aus den offiziellen Kollegien der *flamen diales* oder *quirinales* gewählt, waren es die Auguren, die zunächst der feierlichen Einweihungsprozession voranschritten, um dann durch ein hoffentlich positives Omen die Wahl des jeweiligen Beamten zu bestätigen. Auf dieselbe Art und Weise wurde auch die Gründung eines neuen Kultbezirkes, aber auch ganzer Städte inauguriert. Als Zeichen ihres Amtes trugen sie einen Krummstab *(lituus)* und die *trabea*, die purpurne oder purpur/weiß gestreifte Toga.

Die Interpretation bestimmter natürlicher und künstlich herbeigeführter Ereignisse, die *auspizien* (Omenschau), war dabei die wichtigste Divinationsmethode der Auguren. Der römische Schriftsteller Festus listet insgesamt fünf Kategorien von Zeichen auf, die gedeutet werden durften: die Form und Herkunft von Blitz und Donner *(ex caelo)*, das Verhalten bestimmter Tiere *(ex quadrupedibus)*, das Verhalten von Vögeln *(ex avibus)*, drohende Vorahnungen, wie die Geburt eines Monsters, Milch- oder Steinregen *(ex diris)* und schließlich das Verhalten der heiligen Hühner auf dem Kapitol *(ex tripudiis)*. Diese Tiere waren einst aus Griechenland, vermutlich Euboea, nach Rom gebracht worden. Dort erhielten sie ein eigenes Gehege auf dem Kapitol, mit einem Priester, der sich um sie kümmerte. Vor einer wichtigen Entscheidung beurteilte der Augur das Fressverhalten der Tiere. Es galt als positives Zeichen, wenn die Hühner die ihnen vorgeworfenen Getreidekörner mit gutem Appetit fraßen. Je wilder sie sich dabei gebärdeten, desto besser. Verweigerten sie aber das Futter, wurde die Entscheidung als schlecht für Rom beurteilt. Doch wie immer wusste sich der Augur auch in einem solchen Fall zu helfen. Drängte der Senat auf ein positives Omen, so ließ der Priester die Hühner einfach ein paar Tage hungern, bevor er ihren Käfig öffnete und ihnen das Getreide vorwarf.

Wie die meisten Omen wurden auch die „Antworten" der heiligen Hühner niedergeschrieben und gesammelt. Diese Bücher dienten einerseits als Nachweise für eine bestimmte Entscheidung, andererseits aber auch kommenden Auguren als praktische Anleitung. Dennoch erreichten die Sammlungen niemals den Status der *Etrusca disciplina.*

Abgesehen von dem Gehege der heiligen Hühner war der Deutungsakt an sich nicht an einen bestimmten Ort gebunden. In Rom existierte jedoch ein *templum augurale*, ein hypäthraler Beobachtungsbezirk, für den Vogelflug, in dem der Augur auf einem bestimmten Platz sitzend die Beobachtungen vornahm. Einen ähnlichen Bezirk glaubt man etwa auch in Bantia in der Basilikata südlich von Rom ergraben zu haben.

## Von Losen und nickenden Göttinnen – Orakelheiligtümer auf der italischen Halbinsel

Wie bereits gezeigt, war die römische Wahrsagekunst spätestens seit republikanischer Zeit zwar allgegenwärtiger Teil der gesamten öffentlichen Ritualaktivität, jedoch nicht an ein bestimmtes Heiligtum gebunden. Auch die private Divination, wenn auch offiziell streng missbilligt, so doch sicherlich weit verbreitet, scheint sich nicht auf ein bestimmtes Heiligtum konzentriert zu haben. In der römischen Kaiserzeit lag es sicherlich vor allem an der Angst der Herrscher vor einem möglichen „göttlich sanktionierten" Putschversuch, dass die nicht unter der Kontrolle des Hofes stehende Divination stark eingeschränkt wurde. Ähnliche Tendenzen aber gab es auch schon in der Republik. Schon 241 v. Chr. etwa verbot der Senat dem Konsul Q. L. Cerco die Konsultation „fremder" Auspices (Val. Max. 1,3,2). Dies bezog sich auf die Konsultation der Fortuna von Praeneste, einem Heiligtum, das etwa 40 km südöstlich der Stadt Roms lag. Da Praeneste jedoch zu diesem Zeitpunkt contrarömisch eingestellt war, hatte das Verbot wahrscheinlich politische Gründe. Dennoch blieb es bis in die Kaiserzeit bestehen. Allein für Delphi scheint es eine Ausnahme gegeben zu haben. Vor allem in der römischen Königszeit wurden regelmäßige Anfragen an das delphische Heiligtum gesandt, die allesamt staatliche Belange betrafen. Dabei ist es für die Bedeutung des delphischen Orakels für Rom nahezu irrelevant, ob diese frühen Konsultationen historischen Tatsachen entsprechen oder ob sie Erfindungen römischer Historienschriftsteller sind. Fakt ist, dass die Antworten dieses altehrwürdigen Orakels zumindest in republikanischer Zeit scheinbar mehr Gewicht hatten als die jeder italischen Orakelstätte.

Die wenigen italischen Orakelstätten, die dennoch eine gewisse überregionale Berühmtheit erlangten, agierten mit einer ganz und gar ungriechischen und eher unspektakulären Methode: der Kleromantik (Losorakel). Der Historiker Yoshimura nimmt an, dass diese Methode indogermanischen Ursprungs ist und von Norden durch keltische Migration nach Italien gebracht wurde. Neuere Forschungen unterstreichen demgegenüber, dass Losorakel nicht nur im Norden, sondern im gesamten Mittelmeerraum bis weit nach Indien und Persien verbreitet waren. Je nach Verbreitungsraum unterschieden sie sich in ihrer Form und Ziehweise. Die frühesten Lose waren vermutlich runde Scheiben aus Bronze, Blei oder Holz, die in der Mitte unter Umständen ein Loch aufwiesen und auf dem Rand beschrieben waren. Vermutlich aber waren die meisten Lossammlungen aus Holz und haben sich aufgrund der schlechten Konservierungseigenschaften nicht erhalten. Aus Cumae stammt ein kleiner Bronzediskus, an dessen Rand die Inschrift „Hera verbietet die Konsultation des Orakels am Morgen“ eingeritzt ist. Er ist in die Mitte des 7. bzw. ins frühe 6. Jh. v. Chr. zu datieren und damit einer der ältesten Hinweise auf diese Divinationsform. Stabförmige Lose waren dagegen vor allem im alpinen und keltischen Raum verbreitet. Die frühesten Beispiele von Losen aus Norditalien wurden in den etruskischen Städten Falerii und Caere gefunden. Sie sind aus Bronze und stammen aus dem 5. Jh. v. Chr. Ähnlich zu datieren sind die Bronzestablose aus der Nähe der Thermalquellen des heutigen Abano Therme. Dort wurden sie im Heiligtum des lokalen Dämon Geryon verwendet. Ein anderes Losorakel war dem Lokalgott Suri in Arezzo geweiht. In Iuguvium existierte den antiken Quellen nach ein Heiligtum des Jupiter, in dem ebenfalls Lose verwendet wurden. Nicht immer jedoch, wenn in einer Überlieferung von einem Losorakel in einer bestimmten Stadt gesprochen wird, kann davon ausgegangen werden, dass die Lose einem bestimmten Gott oder Heiligtum zugeordnet waren. Die von Plutarch und Livius beschriebenen Lose, die in Falerii „vom Himmel gefallen sein sollen“ (Liv. 22,1,111), können ebenso ein einmaliges Omen gewesen sein. Weder archäologische noch schriftliche Quellen können ein falerisches Losorakel bestätigen. Dasselbe gilt für ein angebliches Orakel, das Livius zufolge im 2. Punischen Krieg in Caere geweissagt haben soll (Liv. 21,62,5).

## Das Losorakel von Praeneste

Das bekannteste italische Losorakelheiligtum lag in Praeneste. Dem Mythos nach erhielt der wohlhabende Praenester Bürger Numerius Suffustius eines Nachts im Traum einen Befehl der Stadtgöttin Fortuna: Er sollte an einer bestimmten Stelle im Bergmassiv oberhalb der Stadt den Felsen spalten. Als er am nächsten Morgen dem Befehl eigenhändig folgte, fand er in einer Höhle im Fels mehrere aus Eichenholz geschnitzte Lostafeln. Als er sich umsah, bemerkte er nicht weit entfernt einen Ölbaum, aus dem Honig tropfte. Verwundert befragte er einen Priester, wie er die Zeichen deuten sollte. Dieser aber riet Suffustius aus dem Holz des Baumes eine *arca* (Kasten) für die Lose zu zimmern und ein Heiligtum für die Göttin Fortuna zu errichten. So geschah es. An der Stelle des Felsspaltes errichtete man das Kultbild der Göttin als sitzende Frau mit zwei Brustkindern, Jupiter

Puer und Juno. An der Stelle des Ölbaumes aber baute man einen Tempel (Cic. de div. 2,41,85).

Praeneste lag eine knappe Tagesreise südöstlich des antiken Roms terrassenförmig angelegt am steilen Hang des Monte Ginestro. Anhand der Grabbeigaben der Nekropolen lassen sich die frühesten Spuren einer Besiedlung ins 8. Jh. v. Chr. zurückdatieren. Im späten 7. und frühen 6. Jh. v. Chr. scheint die Stadt, ebenso wie in der ersten Hälfte des 5. Jhs. v. Chr. eine erste Hochphase durchlaufen zu haben. Vermutlich zeitgleich etablierte sich der Kult der Göttin Fortuna in der Stadt. Gegen Ende des 2. Jhs. v. Chr. gehörte Praeneste zu den reichsten Städten in Italien und unterhielt Handelsverbindungen in die gesamte antike Welt. So waren praenestinische Kaufleute am Bau der italischen Agora von Delos beteiligt. Ihre Stadtgöttin brachten sie mit dorthin: als synkretistische Göttin Fortuna/Isis/Tyche. Anders herum waren es vor allem Klienten aus dem Osten, die im 2. Jh. v. Chr. das Orakel der Fortuna besuchten. Cicero zufolge soll ein bithynischer König ebenso unter den Pilgern gewesen sein wie der kyrenische Pilosoph Karneades. Rom beäugte den wohlhabenden Nachbarn und den Erfolg des Orakels zwar misstrauisch, doch waren die Kontakte leidlich stabil. Die älteste schriftliche Erwähnung des Orakels stammt aus dem Jahr 241 v. Chr. und ist ausgerechnet eine Anfrage durch den römischen Konsul Lutatius Cerco. Doch schon bald ergab sich für Rom eine Gelegenheit: Als sich im römischen Bürgerkrieg 83 v. Chr. die Marianer in der Festung Praeneste versteckten und schließlich kapitulieren mussten, wurde die Stadt mitsamt dem Heiligtum der Fortuna von den Truppen Sullas zerstört und geplündert. 82/81 v. Chr. erhielt Praeneste zwar den Status einer römischen Kolonie, das Orakel aber verlor an Bedeutung – römischen Senatoren war es sogar verboten, es zu konsultieren. Doch noch Tiberius soll die Macht der Orakellose so sehr gefürchtet haben, dass er sie in einer versiegelten Kiste nach Rom bringen ließ. Als er sie dort öffnete, waren sie verschwunden und tauchten erst wieder auf, als man die Kiste wieder in den Tempel von Praeneste zurückbringen ließ (Suet. Tib. 63).

Noch heute bestimmt das einst monumentale Heiligtum das Bild der Stadt, denn große Teile des sich über mehrere Terrassen erstreckenden Komplexes sind in der mittelalterlichen und nachmittelalterlichen Architektur verbaut. So ist das untere Heiligtum am ehemaligen Forum heute Teil der Kirche S. Agnella. Blickt man von dort aus nach oben, so erkennt man deutlich die oberste Terrasse mit dem Rundtempel, der heute in den spätmittelalterlichen Palast integriert ist. Bereits im 3. Jh. v. Chr. existierten mindestens zwei Kultstätten am Hang nördlich des Forums: die Fundstelle der Losorakel mit dem Kultbild des Jupiter Puer, der Juno und der Fortuna, sowie 100 m weiter nördlich der eigentliche Fortunatempel mit dem Ölbaum. Möglicherweise war der Weg zwischen den beiden Kultmalen schon in dieser Frühphase terrassiert. In republikanischer Zeit wurde das Heiligtum vollständig neu errichtet. Auf der untersten Terrasse am antiken Forum entstanden in den letzten beiden Jahrzehnten des 2. Jhs. v. Chr. eine aus *opus quadratum* bestehende apsidiale Basilika im Osten und ein kleiner Kultbau im Westen. Beide Gebäude wurden durch einen großen Hof verbunden, an dessen Nordseite vermutlich eine doppelstöckige Portikus anschloss. Im Norden des östlichen Apsidensaales lag eine teilweise künstlich angelegte Grotte mit einem heute noch zu besichtigenden, aufwendigen Nilmosaik am Boden. Eine weitere Grotte mit einem Meermosaik befindet sich im westlichen Bau. Vermutlich war dieser Teil des Heiligtums einer Mischform der Fortuna und der ägyptischen Göttin Isis geweiht. Über den Handelsknotenpunkt Delos, wo die Stadtgöttin ebenfalls als Fortuna/Isis/Tyche verehrt wurde, besaß Praeneste enge Handels- und Kulturkontakte mit Ägypten und dem Vorderen Orient.

Das so genannte obere Heiligtum erstreckte sich über sechs Terrassen (I–VI) von unterschiedlicher Höhe. Während die drei unteren Terrassen vermutlich keine besondere kultische Bedeutung besaßen und mit Gärten bepflanzt sowie mit Brunnen bestückt dem Aufenthalt der Besucher dienten, wurden die drei oberen allein für rituelle Zwecke genutzt. Die Terrasse IV ist mit einer Breite von 116 m nach Süden hin offen. An der Nordseite zog sich eine Säulenhalle entlang, die von einer nach oben führenden Freitreppe unterbrochen war. Ein überwölbter Gang führte unter der Treppe hindurch. In der Mitte jeder Terrassenhälfte lag eine große Exedra mit einem halbrunden Podium an der Rückwand, zu der Stufen hinaufführten. Eine Reihe von Sitzen lag von großen Konsolen getragen davor. Vor der westlichen Exedra fanden sich Spuren eines gemauerten Rundaltars auf einem niedrigen Stufenunterbau, dessen Umgebung Reste von Asche, Knochen und Tongefäßen aufwies. Vor der östlichen Exedra stand ein rechteckiges Fundament, auf dem die Kultstatue der Fortuna mit dem Jupiterknaben gestanden haben könnte. Westlich davon lag vermutlich ein aufwendig gestalteter mit Tabernakeldach und Metallgittern versehener Rundbau, der möglicherweise die *arca* mit den Losen enthielt. Von einer weiteren Aussichtsterrasse V führte eine breite Treppe auf die oberste Terrasse VI. Sie hatte ein Ausmaß von 100 m × 50 m und war an drei Seiten von Doppelhallen umgeben. Die Südseite gibt immer noch einen eindrucksvollen Blick auf die latinische Ebene frei. An der Nordseite des Platzes führte eine Treppe zu einem in den Fels geschlagenen Theater, das durch eine weitere Säulenhalle eingefasst war und in dem vermutlich kultische Dramen zu Ehren der Göttin aufgeführt wurden. Diese konnte von ihrem Tempel aus sogar zusehen: Denn oberhalb des Theaters erhob sich in dessen Mittelachse ein 11,50 m breiter Rundbau, vermutlich der eigentliche Tempel der Göttin.

Das Orakel der Fortuna konnte nur an einem der beiden Fortunafesttage am 9./10. April befragt werden. Bevor man die *arca* in einer feierlichen Prozession aus ihrem Kultbau holte, opferte der Magistrat der Stadt zunächst dem Jupiter Puer. Unter Aufsicht der Priester wurde dann die Loskiste entnommen und an einem gut sichtbaren Ort aufgestellt. Der Fragesteller händigte dem Priester seine Frage in schriftlicher Form aus. Die Lose wurden dann von einem Kind (*puer* oder *puella*) entnommen und dem *sortilegus* zur Interpretation überreicht.

## Die Lose des Helden – Das Heraklesorakel von Ostia

Anschaulich dargestellt ist ein solches Ritual auf dem Kultrelief eines nicht weit entfernt liegenden Orakelheiligtums: dem Losorakel des Herakles in Ostia, an der Mündung des Tibers westlich von Rom. Das aus dem 1. Jh. v. Chr. stammende dreiszenige Relief, das heute im Museum von Ostia ausgestellt ist, stellt vermutlich die Gründungslegende des Heiligtums dar (Abb. 16). Die Inschrift besagt, dass es sich um eine Weihung des Haruspex C. Fulvius Salvis an Herkules Invictus handelt. Auf der linken Seite sieht man, wie einige Fischer die lebensgroße Statue eines bärtigen Mannes und eine große Kiste mit einem Fischernetz an Land ziehen. Es handelt sich dabei wahrscheinlich um die Kultstatue des Herakles und die *capsa*, wie in Ostia die Kiste mit den Losen genannt wurde. Archäologen vermuten, dass es sich dabei um eine reale Geschichte und bei der Statue um ein griechisches Original (aus dem 5. Jh. v. Chr.?) handelte, das bei einem Schiffsunglück verloren gegangen und von ostiensischen Fischern geborgen worden war. Das mittlere Relief zeigt das zentrale Kultritual, das Ziehen der Lose aus der *capsa*, die direkt vor der Statue des Gottes aufgestellt war, damit dieser den Vorgang überwachen konnte. Auch hier wurden die Lose von einem *camillus* oder *puer*, einem kleinen Jungen, gezogen. Auf dem Relief zieht der Gott selbst das rechteckig geformte Los und gibt es dem Jungen in die Hand. Auf dem letzten Bild wird schließlich ein Haruspex dargestellt, der die Antwort des Gottes an den Fragesteller übergibt. Man erkennt ihn an der charakteristischen Flockenreihenfrisur. Auch bei diesem Vorgang ist ein kleines Kind, vielleicht der *puer,* anwesend.

Das Relief wurde vor der Ostfront des Tempels im Heiligtum des Herakles Invictus gefunden. Ursprünglich lag der Kultbezirk zwischen der Stadtmauer und dem Hafen. Mit der Ausbreitung der Stadt wurde er jedoch eingemeindet. Der Komplex selbst gehört zwar nicht zu den eindruckvollsten Bauwerken, die Ostia zu bieten hat, doch lässt es sich bei einem Rundgang leicht erschließen. Betritt man den Bezirk durch das unscheinbare Tor, so steht man vor einem großen Podium aus *opus quadratum*. Eine breite Freitreppe aus Marmor führte direkt vor die Cella, in der

*Abb. 16: Losorakelrelief aus dem Heraklestempel in Ostia. 1. Jh. v. Chr. Museum Ostia.*

wahrscheinlich das Kultbild stand. Die ersten Grundmauern des Tempels sind in das 3. oder 2. Jh. v. Chr. zu datieren. Die Cella wurde im ausgehenden 1. Jh. und gegen Ende des 4. Jhs. n. Chr. renoviert. Im Nordosten des Herkulestempels lag ein weiterer kleiner Tempelbau für Asklepios und Hygieia – ebenfalls ein tetrastyler Podiumstempel. Platz war in der übervölkerten Hafenstadt schon in der frühen Kaiserzeit rar geworden. So wurden neue Kultbauten einfach in die Heiligtümer älterer Gottheiten integriert. Beide Tempel besaßen zunächst einen eigenen Altar, die bei den Umbauten im 1./2. Jh. n. Chr. durch einen gemeinsamen auf dem nun gepflasterten Platz zwischen den beiden Tempeln ersetzt wurden. Im Westen lag schließlich ein weiterer kleiner Tempel, der so genannte Tempio dell'Ara rotonda, da vor diesem zunächst ein runder Altar stand. Seine Ausrichtung war der vorbeiführenden Straße angepasst. Der Bau stand auf einem Podest aus Tuffblöcken und wurde vermutlich in republikanischer Zeit errichtet. Gegen Ende des 1. Jhs. n. Chr. wurde er wie der große Tempel renoviert, der runde durch einen rechteckigen Altar ersetzt. Der Pronaos erhielt in dieser Zeit eine Marmorverkleidung. Es wird angenommen, dass in diesem kleineren Kultbau die Lose aufbewahrt wurden, bis sie zur offiziellen Befragung vor oder in den Tempel geschafft wurden.

## Die Doppelgöttin von Antium

Im Heiligtum von Praeneste wurde neben verschiedenen anderen Gottheiten auch eine außergewöhnliche weibliche Doppelfigurengruppe gefunden. Zwei etwa halblebensgroße matrimonial gekleidete, wenn auch kopflose Frauenfiguren stehen nebeneinander auf einer *fercula*, einem

Polster aus Marmor. Zwei Löcher an beiden Seiten weisen darauf hin, dass die Gruppe über Stangen gesteckt und getragen werden konnten. Es handelt sich dabei um die so genannte Fortuna von Antium.

Antium war in volskischer Zeit als Zentrum der Piraterie verrufen. 338 v. Chr. fiel die Stadt in die Hand der Römer und wurde zur Kolonie ernannt. Als erste Maßnahme wurde den Antiaten die Seefahrt verboten. Der Kult der Fortuna von Antium ist erst seit etwa 100 v. Chr. nachweisbar, war aber sicherlich älter. Es ist anzunehmen, dass sich ein nicht unwesentlicher Teil des Tempelschatzes aus der Beute der volskischen Piraten zusammensetzte. Vermutlich befand sich das Heiligtum auf der westlich des modernen Badeortes liegenden Landzunge Arco Muto, denn die meisten zeitgenössischen Autoren beschreiben es als extraurban gelegen. Noch im 18. Jh. konnte man hier zudem Substruktionen und Reste eines großen Nischenbaus erkennen, die vermutlich aus republikanischer Zeit stammten und heute sehr stark verfallen sind. Nachdem Marius 87 v. Chr. die Stadt geplündert hatte, wanderte ein Großteil der Bevölkerung ab. Zurück blieben die Sommerpaläste der reichen Römer, die sich am gesamten Küstenstreifen entlangzogen. Der Tempel der Fortuna scheint in dieser Zeit an Bedeutung nicht verloren zu haben, da er einer der wenigen außerrömischen Tempel war, die Octavian zur Zeit des Triumvirats belieh (Dio. Cass. 48,12,4). Nach dessen Sieg 41 v. Chr. entwickelt sich Antium zum bevorzugten Villenort der julisch-claudischen Dynastie. Viele der künftigen Kaiser, wie etwa Claudius 41 n. Chr., konsultieren das Orakel der Fortuna (Suet. Gaius 57,3). Nero, der hier geboren worden war, ließ nicht nur den Hafen für seinen eigenen Bedarf ausbauen (Suet. Nero 9), sondern auch die kaiserlichen Villen vermutlich zu einem großen Gesamtkomplex zusammenfassen. Der Orakelgöttin war er scheinbar so verbunden, dass er ihr ein goldenes Standbild anfertigen und nach Rom bringen ließ, wo er es neben dem Jupiter Optimus aufstellte. Zwar benutzten auch die späteren Kaiser die Anlage als Sommerfrische, Beziehungen zur Fortuna sind hingegen nicht bekannt. Das Orakel selbst war nachweislich aber bis in die Spätantike in Betrieb.

Außergewöhnlich war vor allem die Orakelmethode, mit der Fortuna hier weissagte. Sueton übermittelt uns über eine Orakelanfrage des Caligula, dass das doppelfigurige Kultbild in einer Orakelprozession zunächst durch das Heiligtum und dann durch die Stadt getragen wurde. Wie es uns aus den ägyptischen Heiligtümern bekannt ist, gab sie ihre Antworten durch eine Vor- oder Zurückbewegung der die Kultstatue tragenden Barke – „nach orientalischer Sitte“, wie Sueton schreibt (Suet. Gaisu 57,3). Die Träger der Barke waren ihm zufolge *divino spirito*, also vom Gott bzw. der Göttin inspiriert. Tatsächlich ist diese Methode in Italien und Griechenland einzigartig. Die Historikerin Jaqueline Champeaux führt das

„orientalische“ Orakel von Antium auf syrische Ursprünge zurück, von wo es über phönizische Handelsrouten nach Italien gebracht worden sein soll. Tatsächlich gab es auch dort Prozessionsorakel, etwa im Heiligtum des Baal/Jupiter von Baalbek, doch scheinen auch diese auf ägyptische Ursprünge zurückzugehen und nicht umgekehrt. Warum sich diese Orakelform aber nun mit der matronalen Göttin volskischer Piraten verband und sich in Antium etablieren konnte, bleibt eines der ungelösten Geheimnisse der antiken Religionsforschung.

## „Das Wissen von den Zukünftigen Ereignissen“

### Ciceros *de divinatione*

In der modernen historischen Forschung wird das römische Prodegienwesen nicht selten mit einer Art „Staatsreligion“ verglichen. Doch schon der britische Historiker John North bemerkte, dass es zu keiner Zeit so etwas wie ein Zentrum der römischen Divination und schon gar keine Oberorganisation vergleichbar etwa mit der christlichen Kirche gegeben hat. Auch die drei Priesterkollegien, die die staatliche Divination unter sich aufgeteilt hatten, agierten völlig unabhängig voneinander. Zudem waren die meisten ihrer Angehörigen, im Gegensatz etwa zur griechischen Pythia, keine hauptberuflichen Priester, sondern ganz normale Bürger – vorzugsweise der römischen Oberschicht: Anwälte, Politiker, Feldherren oder Magistrate. Zumindest bis zur Machtübernahme Octavians war die oberste politische wie religiöse Instanz allein die *res publica*, die römische Republik. Woher aber kam dann dieses Misstrauen gegenüber jeglicher Art von Divination? Hatten die Römer wirklich, wie in der Forschung allgemein angenommen wird, eine Art kollektive Angst vor außerstaatlicher Kontrolle? Und warum konnte auf der anderen Seite kein Ereignis ohne vorheriges Absegnen durch einen Auguren, Haruspex oder die Sibyllinischen Bücher stattfinden?

Ein gutes Beispiel für diesen inneren Konflikt gibt einer der bedeutendsten Römer seiner Zeit. Marcus Tullius Cicero war ein brillanter Redner, ein unbestechlicher Politiker – und ein ewiger Skeptiker. Geboren am 3. Januar 106 v. Chr. als Sohn eines römischen *eques* (Ritter) in Arpinum, etwa 100 km östlich von Rom, siedelte er mit seiner Familie bereits vier Jahre später nach Rom über. Im Jahre 90 v. Chr. erhielt auch der junge Cicero die *toga virilis,* das Kleidungsstück, das ihn als römischen Bürger auszeichnete. Wie jeder gebildete Römer sprach er von Kindheit an Griechisch und war mit allen Klassikern wohl bekannt. Sein Vater förderte die schon früh erkannte große Begabung des Jungen. Bald studierte er neben Recht auch Rhetorik, Literatur und Philosophie in Rom und begann mit der Übersetzung homerischer und philosophischer Schriften ins Lateinische. Nachdem er seinen Militärdienst unter Sulla im Bundesgenossenkrieg geleistet hatte, setzte er seine Studien von 79 bis etwa 77 v. Chr. auf einer ausgedehnten Reise durch Griechenland und Kleinasien fort. Erst nach zwei Jahren kehrte er nach Rom zurück, wo er eine Karriere als Politiker und Anwalt begann.

Als *homo novus* (Emporkömmling) hatte er es schwer, sich in der geschlossenen Gemeinschaft der Senatorenfamilien durchzusetzen. Doch schon bevor er nach Griechenland ging, hatte er als Anwalt einen spektakulären Fall gewonnen – und dieser Ruhm half ihm jetzt, die Ämter des *cursus honorum* nicht nur in der dafür vorgeschriebenen Zeit, sondern auch im Mindestalter zu absolvieren. So war er 75 v. Chr. Quästor auf Sizilien, 69 v. Chr. curulischer Ädil, 66 v. Chr. Prätor und damit bereit für das höchste Amt: die Konsulschaft. Mit einer seiner berühmtesten überlieferten Reden, die er in der *toga candida*, der weißen Toga der Unbestechlichkeit, gegen seine Gegner Hybrida und Catilina hielt, gewann er die Stimmen aller Zenturien und übernahm 63 v. Chr. das Amt des Konsuls. Der Höhepunkt seiner Karriere aber war die Niederschlagung der Verschwörung des Catilina, der als Sohn einer äußerst wohlhabenden und einflussreichen Senatorenfamilie die schon wankende Macht der römischen Republik an sich reißen wollte. Für die Aufdeckung und Verurteilung der Beteiligten wurde Cicero zum *pater patries* ernannt. Doch schon bald sank sein Stern am politischen Himmel – er hatte sich mit den Falschen angelegt, allen voran Caesar. 58 v. Chr. ging er deshalb nach Thessaloniki und kam damit einer Verbannung zuvor. Seine römischen Besitze wurden geplündert. Auch wenn er ein Jahr später vom Senat zurückgerufen wurde, seine frühere politische Macht erhielt er nie wieder zurück. Cicero verlegte sich stattdessen auf die Schriftstellerei, namentlich dem Verfassen politischer und philosophischer Schriften. Dies führt er auch während seiner Statthalterschaft in Kilikien weiter, wo er zwischen 52 v. Chr. und 49 v. Chr. mit seinem Bruder lebte. Als Cicero nach Rom zurückkehrte, stand der Bürgerkrieg zwischen Caesar und Pompeius unmittelbar bevor – doch konnte auch der einst so angesehene Taktiker nicht mehr vermitteln. Politikmüde schloss er sich erst der einen (Pompeius), dann der anderen (Caesars) Partei an. Und als Letzterer ermordet wurde, konstatierte er verbittert, dass zwar der Tod des „Tyrannen" eine Wohltat sei und das Attentat mit dem Mut von Männern, jedoch mit dem Verstand von Kindern durchgeführt worden sei. Doch wieder legte sich Cicero mit dem Falschen an. Als flammender Vertreter der Republik stellte er sich den Alleinherrscherplänen Marcus Antonius entgegen. Nicht immer handelte er dabei mit der ihm sonst eigenen politischen Korrektheit. So enthielt eine seiner Reden gegen Antonius maßlose (wenn auch nicht völlig unbegründete) persönliche Schmähungen und den Wunsch, auch Antonius möge an den Iden des März ermordet worden sein. Der so beschuldigte kochte vor Wut und als er sich im Sommer des Jahres 43 v. Chr. mit dem junge Octavian und Marcus Lepidus zu einem zweiten Triumvirat zusammenschloss, war er der Erste, der Proskriptionen gegen ihre politischen Gegner verlangte. Cicero stand auf Marc Antonius' Todesliste ganz oben. Der Verfolgte floh erneut aus Rom – doch zu spät. Am 7. Dezember 43 v. Chr. wurden Cicero und sein Bruder gestellt und getötet. Sein Leichnam wurde verstümmelt und durch die Straßen Roms geschleift, Kopf und Hände auf dem Forum Romanum zur Schau gestellt. Niemand hat bisher herausgefunden, wo Cicero begraben liegt.

## Ein Skeptiker wird religiös?

„Träume und Orakel sind Rätsel", schrieb Cicero kurz vor seinem Tod (Cic. de div. 2,70,12.8). Gerade in den letzten Jahren seines Lebens hatte sich der Politiker – müde des ewigen Kampfes um die Republik – verschiedenen Fragen der Ethik und Religion zugewandt. Neben Werken über den Umgang mit Leid und Tod *(Tusculanae disputationes)*, Freundschaft und *virtus (Laelius de amicitia)* oder der Beschreibung des Idealbildes eines tugendhaften Mannes *(de officiis)* verfasste er im Jahre 44 v. Chr. auch zwei Werke über die römische Religion und ihre Ursprünge im griechischen Kulturraum. In *de natura deorum (Vom Wesen der Götter)* gibt Cicero ein vor langer Zeit stattgefundenes Gespräch des Stoikers Q. Lucilius Balbus, des Epikureers C. Velleius und des Akademikers C. Aurelius Cotta wieder, das von dem Wesen der Götter und ihrer Beziehung zu den Menschen handelt. Wenig später schrieb er schließlich *de divinatione (Über die Wahrsagekunst)* in Form eines Dialogs zwischen ihm selbst und seinem Bruder Quintus. Das Werk ist in zwei Bücher geteilt. Im ersten Buch lässt Cicero in der Einleitung die Einstellung der verschiedenen griechischen Philosophenschulen zum Thema der Divination Revue passieren. Während die Stoiker glaubten, den Willen der Götter anhand von Zeichen erkunden zu können, nahmen die Epikureer und Peripatetiker eine ablehnende Haltung ein. Ähnlich konträre Meinungen nehmen in der Folge die beiden Brüder ein. Quintus verteidigt die Weissagekunst und führt verschiedene Aspekte und Methoden aus der römischen und griechischen Geschichte an. Im zweiten Buch nimmt Cicero dazu kritisch Stellung. Dabei unterscheidet er zwischen *furor*, der direkten Inspiration, vor allem durch Träume, und den auslegungsbedürftigen Orakelformen. Ersteres erklärt er als natürliche Vorgänge der menschlichen Seele, während die Vorzeichendeuter sich nur den Aberglauben ihrer Mitmenschen zu Nutze machen. Dabei betont er eindeutig, dass die Beobachtung von bestimmten Zeichen (Auguralien) lediglich die göttliche Bewilligung oder

Ablehnung einer menschlichen Entscheidung feststellen, aber nichts über die Zukunft verraten könne. Die zahlreichen Beispiele die Cicero dabei anführt, machen das Werk zu einer der wichtigsten Quellen in der Erforschung der römischen Religion.

Auf den ersten Blick erscheint Ciceros Haltung dabei eindeutig als ablehnend gegenüber jeglicher Form der Wahrsagekunst. Und tatsächlich gilt der späte Cicero als einer der religionskritischsten Denker seiner Zeit. Doch muss man bedenken, dass das Werk in der klassischen Form des *argumentum in utramque partem*, also in Form von zwei gänzlich gegensätzlichen Meinungen dargestellt ist, ohne dass letztlich die eine oder andere als falsch erklärt wird. Die beiden Kontrahenten gehen auseinander, ohne dass einer den anderen überzeugt hätte. Vielmehr wird es in guter sokratischer Tradition dem Leser selbst überlassen, sich seine eigene Meinung zu bilden. Cicero übernimmt in seinem Werk somit lediglich eine der beiden extremen Positionen, was nicht unbedingt bedeutet, dass er sich auch in der Realität mit dieser Einstellung identifizierte. Im Gegenteil – natürlich übt er Kritik an den Praktiken der Wahrsager, die auf den Straßen gegen Bezahlung die Zukunft voraussagten, doch räumt er auch ein, dass besonders das römische Vorzeichenwesen für die von ihm so hoch gestellte *res publica* und die Staatsräson überaus wichtig war. Schließlich war auch Cicero im Laufe seines *cursus honorum* ein Augur gewesen. So zeigt er sich von der Bedeutsamkeit verschiedener Vorzeichen und der Ernsthaftigkeit der Interpretation durch die Haruspices nach eigenen Angaben immer wieder tief beeindruckt.

Die verschiedenen Äußerungen Ciceros zum Thema Wahrsagerei und Götterglaube scheinen verwirrend. War Cicero deshalb ein eigentlich tiefgläubiger Mann, der sich im Alter desillusioniert von der Religion abwandte, wie einige Forscher glauben? Tatsächlich wäre es zu einfach zu sagen, dass Cicero allein aus taktischen Gründen und aus Loyalität dem Staat gegenüber an das römische Prodegienwesen glaubte. Wie Veit Rosenberger feststellt, sind solche widersprüchlichen Aussagen zu religiösen Fragen symptomatisch für die Zeit der späten römischen Republik, als immer mehr Schriftsteller und Philosophen – inspiriert durch die griechische Philosophie – die Loyalität gegenüber den alten Staatskulten in Frage stellten. Und natürlich war es einem jedem, der Zugang zu politischen Kreisen hatte, hinlänglich bekannt, wie eng verflochten politische Macht und die Kontrolle über die Kommunikation mit den Göttern waren. Man könnte also sagen, Cicero vertraute der ordnenden und leitenden Funktion der Religion, lehnte aber jegliche Art des Aberglaubens ab. Wo die Grenze zwischen den beiden Positionen zu ziehen ist, bleibt einem jedem selbst überlassen. Vielleicht, so schreibt Cicero selbst in *de natura deorum* 1,10, sollte man auch gar nicht erst fragen.

# Von Fälschern und falschen Propheten
## Lukian und das Glykonorakel von Abonuteichos

„Dein Apollo aber gibt sich die Miene, als ob er alles wisse und könne, macht den Bogenschützen, den Zitherspieler, den Poeten und den Arzt und hat zu Delphi und zu Klaros und zu Didyma Wahrsagerbuden aufgeschlagen, wo er die Leute, die ihn fragen, mit schiefen und zweideutigen Antworten, die man immer auf beide Seiten drehen kann, um ihr Geld bringt. Weil der Narren, die sich von Marktschreiern betrügen lassen, viele sind, so wird er zwar reich dabei: Aber verständige Leute wissen, was sie von seinen Wunderkünsten zu halten haben, und dass der große Prophet nicht einmal vorhersah, dass er seinen Liebling mit einem Diskus töten und dass Daphne, trotz seiner Schönheit und seiner langen goldenen Locken, vor ihm davonlaufen würde." So lässt Lukian von Samosata Hera über den Herrn des delphischen Orakels lästern (Dialog der Götter 16). Der römische Satiriker, 120 n. Chr. am Oberlauf des Euphrat geboren und 180 (oder 200) n. Chr. vermutlich in Alexandria gestorben, war eine der bissigsten Zungen des römischen Kaiserreiches. Vor allem die vielen extravaganten Kultströmungen seiner Zeit, verbunden mit religiösem Extremismus, waren ihm ein Dorn im Auge und daher Thema zahlreicher seiner zynischen Pamphlete. Die im 2. Jh. n. Chr. stärker denn je boomende „Orakelindustrie" war daher ein gefundenes Fressen für ihn.

Bereits in griechischer Zeit gab es Zweifler an der Echtheit einiger Orakelpraktiken. Vor allen den so genannten Alltagsorakeln, wie den Losorakeln Kleinasiens oder den vielen fahrenden Weissagern und Propheten, die ihre Dienste auf den öffentlichen Marktplätzen einer Stadt anboten, trat man schon immer mit Misstrauen entgegen. Die Authentizität der großen überregional tätigen Orakelstätten aber wurde nur selten in Frage gestellt. Unter den wenigen kritischen Stimmen ist Sophokles, der seine „Jocaste" in einem Monolog an dem Wahrheitsgehalt der pythischen Weissagungen zweifeln lässt. Auch Aeschylus lässt in sein Werk *Thetis* unterschwellige Zweifel an der Macht der Orakel einfließen. Beide Autoren wagten jedoch keine offene Konfrontation mit der Institution Delphi und so blieb ihre Kritik vermutlich weitgehend unbemerkt.

### Wanderprediger und andere Scharlatane

In römischer Zeit hatte sich diese Einstellung deutlich geändert. Zeitgleich mit der Ausbreitung des Christentums wurden aus allen Teilen des stetig wachsenden Reiches immer mehr konkurrierende Gottesvorstellungen nach Rom importiert. Mit der relativen Sicherheit und dem steigenden

Wohlstand der römischen Bürger nahmen nicht nur ihre Mobilität und damit die Kontaktpunkte mit den neuen exotischen Kulten zu, sondern auch das Interesse und die Empfänglichkeit für diese. Der Umsatz der großen Orakelstätten an der kleinasiatischen Westküste – allen voran Klaros und Didyma – lief auf Hochtouren. Die Asklepieia von Kos und Pergamon hatten Besucherrekorde zu verzeichnen. Römische Kaiser, wie Hadrian, ließen auf ihren Reisen kein noch so entlegenes Heiligtum aus, um dem darin wohnenden Gott zu huldigen. Umso verständlicher ist es, dass Nachahmer und Fälscher versuchten, ihren Teil von dem verlockend großen Kuchen abzubekommen. Wanderprediger etwa, wie der „Neue Sokrates" Peregrinos Proteus aus Perion, zogen von einem Festival zum anderen. Zunächst zum Christentum konvertiert, langhaarig, in einen schmutzigen Mantel gehüllt und mit einem Stab in der Hand verführte der selbsternannte Philosoph dort die Massen, bis ihn sein Fundamentalismus in Syrien ins Gefängnis brachte. Als man ihn entließ, schlug er sich nach Ägypten durch, wo er eine neue Strategie verfolgte: Er rekonvertierte zum Polytheismus, ließ sich die eine Hälfte seines Haupthaares kahl scheren, schwärzte sein Gesicht und trat nackt vor die Leute. So zog er predigend durch das Reich und rief das Volk zum Aufstand gegen die römische Statthalterschaft auf. Als sich jedoch bald niemand mehr für seine wirren Reden interessierte, beendete er seine Laufbahn mit einem spektakulären Auftritt: Unmittelbar nach den Olympischen Spielen des Jahres 165 n. Chr., als die Wettkampfstätte noch voll mit Athleten und Besuchern war, inszenierte er vor aller Augen seine eigene Verbrennung auf dem Scheiterhaufen.

## Die Erfindung eines neuen Gottes – Das Glykonorakel von Abonuteichos

Im Osten des Römischen Reiches indes entwickelte etwa zur selben Zeit ein anderer Scharlatan eine weitaus erfolgreichere Geschäftsidee. Vermutlich wäre ihm dabei niemand auf die Schliche gekommen und die Hinterlassenschaften des von ihm erfundenen Kultes wären als eine von vielen synkretistischen Glaubensbezeugungen von der historischen Forschung katalogisiert worden, wenn er sich nicht gerade Lukian von Samosata zum Todfeind gemacht hätte und somit nach dessen Meinung „ein Mann war, der es verdient hätte, dass man ihn in einem ganz großen Zirkus auftreten ließe, wo er von Affen und Füchsen zerrissen würde": Alexander von Abonuteichos, geboren in Abonuteichos, einer Kleinstadt in der römischen Provinz Bithynien am südlichen Ufer der Schwarzen Meeres.

An seinem Aussehen hatte Lukian zunächst einmal nichts auszusetzen „Groß und von schönem Aussehen war er und wahrhaft majestätisch, von weißer Hautfarbe, sein Kinnbart nicht zu buschig, er trug eigenes Kopfhaar, verstärkte es aber durch künstliches, welches gar trefflich gemacht war" (Lukian, Alexander der Lügenpoet Kap. 3). Mit diesen Gaben ausgestattet schlug sich Alexander zunächst mit Prostitution und kleineren Gaunereien durchs Leben, die er von seinem Liebhaber, einem Schüler des Apollonius von Tyana gelernt hatte. Dieser war Arzt und lehrte ihn auch das „Brauen vielerlei Tränke zum Heilen und zum Verderben". Als dieser nun starb und Alexander in Not kam, „weil zugleich auch seine Jugendfrische verblühte", verband er sich mit einem Byzantiner namens Kokkonas. Zusammen zogen sie umher und „schoren die Fettbäuche – denn so bezeichneten sie selbst in ihrem Gaunerjargon das dumme Volk. So machten sie etwa ein reiches Weib aus Makedonien ausfindig, verblüht, aber noch willens, Liebe zu erwecken, ließen sich von ihr nach Herzenslust satt füttern und folgten ihr aus Bithynien nach Makedonien" (Kap. 6). Hier wurden sie auf die dort heimischen Schlangen aufmerksam, die trotz ihrer beträchtlichen Größe so handzahm waren, dass sie „selbst von Frauen gehalten werden und bei den Kindern im Bett schlafen und auf sich herumtreten lassen … Sie kauften eines dieser Kriechtiere, das schönste Exemplar für wenige Obolen. Und damit, um mit Thukydides zu reden: Hebt denn der Krieg an". Alexander und Kokkonas planten nämlich eine eigene Orakelstätte zu gründen – nur über den Ort der Weissagungsstätte konnten sie sich zunächst nicht einig werden. Während Kokkonas für Kalchedon am Bosporus plädierte, wo es bereits ein sehr erfolgreiches Orakel des Apollon gab, wollte Alexander das Orakel in seiner Heimatstadt Abonuteichos eröffnen, da er hier die Leute für besonders dumm und einfältig hielt. Das Argument überzeugte Kokkonas – und sie heckten einen so gerissenen Plan aus, dass ihnen für Jahrzehnte niemand auf die Schliche kommen sollte.

Schon die Ankündigung des Orakels war überaus geschickt eingefädelt, denn sie gingen nicht einfach direkt nach Abonuteichos, um dort ein Heiligtum zu eröffnen, sondern zunächst nach Kalchedon. Dort vergruben sie des Nachts einige metallene Tafeln im Heiligtum des Apollon, auf denen geschrieben stand, dass in nicht allzu ferner Zeit Asklepios mit seinem Vater Apollon nach Pontus ziehen und von Abonuteichos Besitz ergreifen werde. Geschickt fädelten die beiden die Auffindung der Tafeln ein und ihr Inhalt wurde von den Einwohnern Bithyniens und Pontos für so echt befunden, dass sie tatsächlich schon mit dem Bau eines Tempels in Abonuteichos begannen, bevor Alexander seinen nächsten Streich ausführte – allein wohlgemerkt, denn Kokkonas war in Kalchedon angeblich am Biss einer Natter gestorben. Mit großem Pomp machte er sich nun auf den Weg in seine Heimatstadt. „… mit lang herabwallenden Haaren, angetan mit weiß gestreiftem Purpurkleid, über dem er einen weißen Mantel trug, mit einer Sichel in der Hand gleich dem Perseus, von dem er mütterlicherseits seine Abkunft herleitete, und die hirnverbrannten Paphlagonier, die doch seine beiden Eltern, geringe und ärmliche Leute, kannten, vertrauten dem Orakelspruch, welcher besagte: Perseus' Spross, Alexander, der Göttliche, Freund des Apollon zeiget den Augen sich hier; Podaleirios Blute entstammend." Und zur Sicherheit ließ Alexander gleich noch einen Spruch der Sibylle verbreiten, der ihn ebenfalls als rechtmäßigen Propheten des neuen Orakels auswies. „Als nun Alexander unter solch theatralischem Vorspiel ganz allmählich bis zu seiner Vaterstadt vorgedrungen war, da war er denn hochangesehen und besaß eine glänzende Stellung, zumal er vorgab, dass er in Verzückung gerate; da ihm zuweilen Schaum vor dem Mund stand; das brachte er aber leicht zuwege, indem er die Wurzel einer Farbpflanze, des Seifenkrauts, im Munde zerkaute. Den Leuten aber erschien auch der Schaum als etwas Göttliches und Furchtbares" (Kap. 12). In der Nacht vergrub Alexander im Schlamm einer Quelle nahe des neuen Tempelfundaments ein ausgeblasenes Gänseei, das er zuvor mit einer kleinen neugeborenen Schlange gefüllt und die Fugen mit etwas Wachs und Bleiweiß unsichtbar gemacht hatte. Am Morgen darauf rannte er fast nackt auf den Marktplatz, schüttelte sein Haar, stammelte fremd klingende Wörter und hielt den staunenden Einwohnern von einem Altar aus eine Rede, in der er einen gleich erscheinenden Gott pries. Nun rannte er, eine Hymne an Asklepios singend, zu der besagten Quelle, stieg ins Wasser und förderte mit einem Handgriff das Ei zutage. Als die herbeigelaufenen Zuschauer die Schlange sahen, „schrien sie mit einem Male auf, begrüßten den neuen Gott und priesen ihre Stadt glücklich". Doch noch ließ Alexander die Massen warten: Erst „nachdem die Stadt gedrängt voll von Menschen war, die alle Verstand und Sinne verloren hatten und in keiner Beziehung mehr brotessenden Menschen glichen, sondern einzig ihre Gestalt sie davon abhielt, dass man sie für Schafe ansehen musste – da nahm er in einem Kämmerchen auf einem göttermäßig geschmückten Stuhle Platz" (Kap. 15). Um seinen Leib hatte er die Schlange gewunden. Ihr Kopf war unter seinem Arm versteckt. Über seine Schulter aber schaute ein künstlicher Kopf aus Leinen gefertigt, von menschenähnlichem Antlitz, aber mit dem Maul eines Tieres, das durch feinste Rosshaarfäden geöffnet und geschlossen werden konnte. Um die Schlange auch sprechen zu lassen, verband er zudem die fast durchsichtigen Luftröhren von Kranichen und steckte sie durch den Kopf hindurch. Sie endeten außerhalb der Kammer, wo jemand in sie hineinsprach, so dass es schien, als ob die Schlange selbst antwortete. Die wartende Menschenmenge strömte nun durch eine Tür in die im Halbdunkeln liegende Kammer hinein, schubste, drängelte sich an Alexander und dem Schlangenwesen vorbei und wurde gleich durch eine andere Tür wieder hinaus befördert. Zur eingehenden Betrachtung blieb keine Zeit und das „Wunder" wurde nicht nur als wahr angenommen, sondern verbreitete sich wie ein Lauffeuer im gesamten römischen Osten. Der Name des neuen Gottes, den Alexander verbreiten ließ, war Glykon, Sohn des Asklepios, Enkel des Zeus.

## Wie man ein Orakel führt – Der Aufstieg Alexanders

Schon bald war der Tempel fertig und Alexander baute einen routinierten Orakelbetrieb auf: Der Gott weissagte an ganze bestimmten Tagen, aber nur nach Einreichung schriftlich formulierter und versiegelter Fragen, die der Ratsuchende natürlich unversehrt und mit einer Antwort versehen zurückerhielt. Doch auch in diesem Falle war Lukian dem Scharlatan auf die Schliche gekommen. „Er machte eine Nadel glühend heiß, erweichte damit den unter dem Siegel befindlichen Teil des Wachses, hob es an, machte, nachdem er gelesen hatte, wieder mit der Nadel das Wachs an der Oberfläche warm und kittete es leicht wieder zusammen" (Kap. 21). Beliebt war auch die so genannte Tonerdemethode, bei der er aus bruttischem Pech, Asphalt, Spießglanz, Wachs und Gummi eine Masse namens Kollyrium herstellte, mit der er das Siegel bestrich und so nach dem Erkalten einen Abdruck erhielt, den er problemlos ablösen und beliebig oft verwenden konnte. Ähnlich funktionierte eine Masse aus Marmorstaub und Buchleim. Doch auch wenn er die Fragen gelesen hatte, seine Antworten wählte er vorsichtshalber dunkel und zweideutig oder sie bestanden – wie bei den Losorakeln – aus oberflächlich formulierten Zu- oder Absagen.

Eine Drachme und zwei Obolen kostete eine solche Anfrage. Teurer waren die so genannten autophonen Orakel, bei denen der Kunde den Tempel betreten und seine Frage dem Gott von Angesicht zu Angesicht stellen durfte. Da die meisten Leute gleich mehrere – Lukian zufolge bis zu 10 bis 15 Orakel auf einmal – einholten, wurde Alexander innerhalb kürzester Zeit zu einem reichen Mann. Zudem bot er weitere Dienste an: Als Sohn des Asklepios gab Glykon natürlich auch Ratschläge in Krankheitsfragen. Die im Orakel erhaltenen Rezepte konnte man sofort im Heiligtum „einlösen" –ein beliebtes Mittel gegen jegliche Art von Leiden war dabei das aus Ziegenfett zubereitete Stärkungsmittel namens *Kytmides*. Schließlich – und weil diese in adligen römischen Kreisen des 2. Jhs. n. Chr. ausgesprochen populär waren – führte er noch ein an das athenische Ritual der Eleusinien angelehntes Mysterienfest ein. Am ersten Tag der Feiern schwor er die Teilnehmer auf die strikt einzuhaltende Geheimhaltung der folgenden Ereignisse ein, bevor er in einem ersten mythischen Drama die Entbindung der Leto, Apollons Geburt, die Hochzeit der Koronis und die Geburt des Asklepios darstellen ließ. Der zweite Tag wurde das Epiphaniefest des Glykon genannt. Die Feiern des dritten und letzten Tages der Mysterien wurden bei Nacht begangen – weshalb dieser Tag auch Fackeltag genannt wurde. Nun wurde der Höhepunkt der Feiern dargestellt: die Hochzeit des Podaleirios mit der Mutter Alexanders und schließlich die Liebe der Mondgöttin Selene zu Alexander und die Geburt ihrer gemeinsamen Tochter. „Da lag er nun mitten auf der Bühne", beschreibt Lukian ganz ungeachtet der Geheimhaltungsregel das Drama, „angeblich im Schlafe, herab aber zu ihm stieg von dem Schnürboden gleichsam wie aus dem Himmel statt der Selene eine gewisse Rutilia, das jugendschöne Weib eines der kaiserlichen Kämmerer … und vor den Augen jenes unseligen Mannes tauschten sie auf der Bühne Küsse und Umarmungen, und wenn es nicht zu viele Fackeln waren, so ging es auch gelegentlich zu den Teilen unter dem Busen" (Kap. 39).

Insgesamt soll Alexander auf diese Weise schon zu Beginn seiner Karriere innerhalb eines Jahres 70 000 bis 80 000 Obolen verdient haben, die er gewinnbringend zu reinvestieren verstand. So stellte er neben den üblichen Tempeldienern eines Orakels, wie etwa den Schreibern und Kanzleigehilfen, auch zahlreiche Spione, Siegelfälscher und Orakelausleger ein. Moderne Forscher schätzen, dass das Heiligtum in seiner Hochphase bis zu 100 Leute beschäftigte. Zudem schickte er Gesandte ins Ausland, die für sein Orakel werben sollten: „… dass er voraussage und ausgerissene Sklaven ausfindig mache, Diebe und Räuber überführe, heile, ja sogar schon etliche Tote auferweckt habe" (Kap. 24), so der Werbetext. Schon bald hatte seine Strategie Erfolg und die Pilger kamen nicht mehr nur aus den umliegenden Provinzen, sondern auch von der kleinasiatischen Küste – und sogar aus Rom. Hier traf der neue Kult auf fruchtbaren Boden, denn je ausgefallener ein solcher war, desto besser. Einer der ersten Römer, der das Orakel besuchte, war der römische Senator Publius Mummius Sisenna Rutilianus, Suffektkonsul und Statthalter der Provinz Moesia Superior. Wie so viele Mitglieder der römischen Oberschicht war auch er nahezu besessen von seinem abenteuerlichen Glauben oder wie Lukian ihn beschrieb: „… wenn er nur irgendwo einen gesalbten oder bekränzten Stein zu sehen bekam, so fiel er alsbald nieder und bezeugte ihm seine Verehrung, blieb lange Zeit bei ihm stehen, betete und bat ihn um seine Gaben" (Kap. 30). Rutilius hatte die 60 schon überschritten, als er endlich selber nach Abonuteichos kam, wo Alexander ihn und seine elitären Mitreisenden mit erlesenster Gastfreundschaft und allerlei Geschenken zu gewinnen wusste. Bald hatte er den alternden Senator sogar so weit an sich gebunden, dass dieser den Befehl des Glykon befolgte und die Tochter des Propheten heiratete – die Beziehungen zum römischen Hof waren Alexander damit sicher und die wohlhabende Kundschaft vermehrte sich schlagartig. Auch Severianus, Legat von Kappadokien, ersuchte nun vor seiner Expedition nach Armenien im Jahre 161 n. Chr. die weise Schlange um Rat. „Parther wirst und Armenen du zwingen mit hurtiger Lanze, dann heimkehren nach Rom zu den blinkenden Fluten des Thymbris, strahlend im Siegesglanze den Kranz um die Schläfen dir winden" (Kap. 27), lautete die vielversprechende Antwort.

Doch erlebte der „schwachköpfige Gallier“, wie Lukian ihn nennt, mitsamt seiner Armee eine verheerende Niederlage, denn in der Schlacht bei Elegeia ging fast die gesamte Legion IX Hispania elendig zugrunde. Die Toten waren kaum begraben, da ließ Alexander schon den peinlichen Spruch aus den Akten löschen und durch einen neuen ersetzen. „Du führst das Heer nicht gegen die Armenier, tu's besser nicht“, stand jetzt geschrieben. Severianus selbst hatte kein Interesse mehr daran, den Betrug richtigzustellen. Er hatte kurz nach Ende der Schlacht Selbstmord begangen.

Alexanders Erfolg war nun auf dem Höhepunkt angekommen. Nichts und niemand, so scheint es, konnte ihm jetzt noch etwas anhaben. Die teilweise hoch brisanten Informationen, die er durch die Orakelfragen der Höflinge Roms erhielt, wusste er geschickt gegen diese auszuspielen. „So bekam er denn viel von ihnen, da sie wussten, dass er sie in der Falle habe.“ Und auch Lukian selbst bekam die Macht des Glykon zu spüren. Als prominenter Kritiker – schließlich hatte er ganz offen versucht Rutilius von seiner Heirat mit Alexanders Tochter abzubringen – trat er dem Propheten persönlich gegenüber. Und obwohl aufs Freundlichste empfangen, geriet er durch dessen Hybris und Falschheit so in Rage, dass er ihm in die zum Küssen dargebotene Hand biss. Alexander überspielte den Vorfall großzügig, schmiedete aber hinter Lukians Rücken einen Mordkomplott. Als dieser schließlich ahnte, in welche Gefahr er sich begeben hatte und aus Abonuteichos abreisen wollte, stellte ihm Alexander in falscher Höflichkeit ein Schiff zur Verfügung, dessen Mannschaft er heimlich aufgetragen hatte, die Mitreisenden auf hoher See über Bord zu werfen. Zu Lukians großem Glück aber bekam der Steuermann Gewissensbisse und setzte ihn in Aigialoi (Paphlagonien) an Land, wo er eine Mitreisegelegenheit nach Hause fand – diesmal auf einem römischen Schiff. Doch wem er diesen offensichtlichen Mordversuch auch erzählte, nirgendwo konnte er eine Anklage gegen Alexander erwirken. Zu groß war dessen Einfluss mittlerweile – so groß, dass der Kaiser selbst (vermutlich war es Lukius Verus, der zusammen mit Marc Aurel 161 bis 169 n. Chr. regierte) ihm die Bitte erfüllte, Abonuteichos in Ionopolis umbenennen und eine Münze mit der Glykonschlange auf der einen und seinem eigenen Abbild auf der anderen Seite prägen zu dürfen. Auch der Mitkaiser Marc Aurel ließ jetzt bei Glykon anfragen, wie er sich auf seinem Feldzug gegen die Quaden und Markomannen verhalten sollte. Die Antwort – die im Übrigen als das so genannte Löwenorakel in die Geschichte einging – verlangte, dass er, wenn er siegen wolle, zwei lebendige Löwen in den Grenzfluss Ister, dem Unterlauf der Donau werfen müsse. Marc Aurel tat wie geheißen, doch die Raubkatzen schwammen ans andere Ufer, anstatt unterzugehen, wo das feindliche Heer wartete und zunächst die *„fremdländischen Hunde“* und wenig später einen Großteil des kaiserlichen Heeres tötete.

Tatsächlich lässt sich die Authentizität dieser Episode historisch beweisen. Gegen Ende 172/73 n. Chr. befand sich Marc Aurel in schweren Kämpfen am Unterlauf der Donau, wo er in Carnuntum Stellung bezogen hatte. Szenen dieses Feldzugs finden sich auch – stark beschönigt – auf der Marcussäule in Rom wieder, denn die Niederlage, bei der laut Lukian an die 20 000 römische Soldaten den Tot fanden, ist hier lediglich als kleineres Scharmützel angedeutet.

Alexander zeigte sich von alledem unberührt. Er bemühte die berühmte delphische Entschuldigung des Krösusorakels und machte weiter wie bisher. Doch obwohl er sich selbst nicht weniger als 150 Jahre Lebenserwartung geweissagt hatte, ging auch er – schneller als gedacht – den Weg alles Endlichen. Mit nicht einmal 70 Jahren „faulte ihm – dem Enkel des Asklepios – das Bein bis zum Unterleib ab, bis er vor Würmern nur so wimmelte" (Kap. 59), so Lukian. Vermutlich starb der Prophet an Krebs und nicht, wie er es selbst vorhergesagt hatte, „von Jupiters Blitz getroffen". Rutilianus versuchte einige Zeit Alexanders Position einzunehmen und den Orakelbetrieb fortzuführen. Indem er den toten Propheten selbst befragte, hoffte er, dass etwas von seinem Ruhm erhalten blieb. Doch auch der Schwiegersohn starb wenig später – auch er mit etwa 70 Jahren und nicht, wie geweissagt, mit 180.

Zwar beweist die Münzprägung, dass der Kult noch bis ins 3. Jh. n. Chr. weiter bestand – das römische Interesse an ihm schwand jedoch schlagartig. Die zahlreichen kaiserlichen Höflinge, die aufgrund hochpeinlicher Orakelanfragen von Alexander jahrelang erpresst worden waren, konnten nun aufatmen. Lukian selbst wartete sicherheitshalber noch einige Jahre, bis er seine Aufzeichnungen um 180 n. Chr. der Öffentlichkeit präsentierte – und damit endlich die von ihm erhoffte Anerkennung erhielt.

## Fiktion oder Wahrheit?

Ein Pamphlet, wie es Lukian verfasste, beansprucht keine historische Realität für sich. Zudem sind zum großen Leidwesen der Archäologie von diesem äußerst interessanten Kultphänomen fast keine Funde erhalten. Doch lässt sich die Geschichte nicht nur von der historischen Forschung eindeutig belegen. Zahlreiche Münzfunde mit dem Abbild des orakelnden Schlangengott Glykon, die sich durch ihren charakteristischen Kopf, halb Pferd, halb Hund oder Mensch, von normalen Schlangenbildern abhebt, finden sich beginnend mit der Zeit Antoninus Pius' (138–161 n. Chr.) und enden unter Trebonianus Gallus (251–253 n. Chr.). Inschriftliche Zeugnisse, vor allem Orakelsprüche des Gottes, reichen von Antiochia in Syrien bis nach Apulum und Alba Julia im heutigen Rumänien. Auch verschiedene Plastiken haben sich erhalten. Die Prächtigste unter ihnen ist eine hohe Marmorskulptur aus

*Abb. 17: Glykonschlange. Skulptur aus Tomis, Rumänien. 2. Jh. n. Chr. Museum Constanza.*

Tomis (Rumänien) und befindet sich heute im Museum von Constanza. Kleinere Bronzefiguren wurden auch in Athen gefunden (Abb. 17).

Von der Architektur des einst so prachtvollen und lebhaften Heiligtums hat sich rein gar nichts erhalten. Abonuteichos lag aller Wahrscheinlichkeit nach an der Stelle der heutigen Küstenstadt Inebolu an der Schwarzmeerküste der heutigen Türkei. Mehrere Feldbegehungen in und um die Siedlung blieben jedoch bis heute erfolglos. Unmittelbar westlich der Flussmündung ins Meer, auf einem Hügel namens Abastepe fanden Archäologen Bruchstücke römischer Architektur und einen kleinen Altar mit Blütenfries – für einen Hinweis auf das Orakel des Glykon aber ist dies zu wenig. Vielleicht aber lösen neue Generationen von Archäologen das Geheimnis um die weissagende Schlange und ihren Lügenpropheten.

## Vom Wahnsinn getrieben

### Sibyllinische Orakel in der Antike und im frühen Christentum

„Ich sah eine Drohung der leuchtenden Sonne unter den Gestirnen und den schrecklichen Zorn des Mondes in Blitzen; die Sterne waren mit ‚Kampf' schwanger; und Gott erlaubte ihnen, zu kämpfen", weissagte die Sibylle im fünften Buch der frühchristlichen Sammlung sibyllinischer Weissagungen *Oracula Sibylla* und prophezeite damit die Erlösung der Heiden durch das Christentum. Doch auch wenn sie eine gewisse Dramatik in ihrer Wortwahl gemeinsam hatten, antike pagane und christliche Sibyllen wiesen deutliche Unterschiede auf.

Per definitionem waren Sibyllen von Geburt an gottinspirierte Seherinnen, die zeitlebens ihre Jungfräulichkeit bewahrten, sehr alt wurden, jedoch nicht unsterblich waren. Optische Beschreibungen ähnelten schon früh denen der delphischen Pythia. Auch in ihrem Bezug zu Apollon und in ihrer Funktion als Medium zwischen Göttern und Menschen gleichen sie anderen apollinischen Seherinnen, wie der Pythia und Kassandra. Jedoch wirkten sie nie in institutionalisierten Orakelbetrieben oder Heiligtümern, sondern prophezeiten ungefragt und spontan in ihrem eigenen Namen und in Form von Hexametern. Dabei waren die Vorhersagen der Sibylle gefürchtet, denn fast immer handelte es sich um Katastrophen oder andere ungünstige Ereignisse.

### Die Wurzeln der Sibyllen

Wie viele Sibyllen es gab, wo sie herkamen und wie sie sich nannten, waren schon in der Antike viel diskutierte Fragen. In der neueren Forschung nimmt man an, dass ihre Ursprünge vermutlich in Kleinasien und in Verbindung mit dem erdverbundenen Kult der Kybele anzusiedeln sind. Der römische Autor Servius mutmaßte zudem, dass es sich bei dem Begriff Sibylle zunächst um einen Eigennamen gehandelt hat, der sich in der Folge zu einem Gattungsnamen entwickelte (Serv. Aen. 3,445). Einzelne Sibyllen werden später durch den Zusatz von Ortsnamen (z. B. S. Tiburtina, S. Cumae) oder durch Eigennamen (z. B. Herophile, Demo, Phoito) spezifiziert. Homer erwähnt zwar männliche Seher und Propheten, und auch die apollinische Priesterin Kassandra, eine Sibylle wird jedoch nicht genannt. Die erste Erwähnung findet sie bei Heraklit und Aristophanes, beides Autoren des 5. Jhs. v. Chr. Tatsächlich ist in der antiken Literatur bis zum 4. Jh. v. Chr. auch nur von einer einzigen Sibylle die Rede. Doch ob es sich hierbei um eine historische Persönlichkeit handelte, ist umstritten. In der Folgezeit variierte ihre Zahl zwischen zwei und drei. Varro schließlich nennt im 1. Jh. v. Chr. in seinem Katalog der Sibyllen zehn Seherinnen in chronologischer Reihenfolge: Persica (aus Persien), Libyca (aus Lybien), Delphica (aus Delphi), Cimmerica (aus Kimmerien), Erythraea (aus Erythrea), Samia (aus Samos), Cumana (aus Kyme), Hellespontica (vom Hellespont), Phrygia (aus Phrygien) und Tiburtina (aus Tibur). Die meisten der Prophetinnen bleiben bis auf ihren Namen jedoch weitgehend anonym. Auch ihr Wirkungskreis und ihre Prophezeiungen sind nur selten überliefert. Es gibt jedoch einige berühmte Ausnahmen, denn mit steigender Popularität der Sibyllen erhoben schon früh mehrere Orte den Anspruch, das wahre und ursprüngliche Heiligtum einer Seherin zu besitzen, allen voran Erythrai, an der nördlichen Ägäisküste der heutigen Türkei, und Marpessos, etwas weiter nördlich nahe den Dardanellen gelegen. Archäologisch fassbar sind jedoch zwei ganz andere Orte, an denen eine Sibylle geweissagt haben soll. Der ältere ist der so genannte Felsen der Sibylle direkt unterhalb des Apollontempels im Heiligtum von Delphi (Abb. 18), über den Pausanias schreibt: „Ein Felsblock erhebt sich vom Boden und auf diesem sagen die Delpher habe eine Frau gestanden und ihre Orakelsprüche gesungen, mit Namen Herophile und dem Beinamen Sibylle“ (Paus, 10,12,1). Auch wenn die Seherin schon zu Zeiten des römischen Reiseschriftstellers Legende war, der übermannshohe unbearbeitete Felsen, der an einer solch prominenten Stelle mitten im Heiligtum direkt an der heiligen Straße und der heiligen Tenne liegt, muss eine hohe rituelle Bedeutung gehabt haben, da man ihn zu keiner Zeit durch ein weiteres prunkvoll dekoriertes Schatzhaus ersetzte.

## Die sog. Sibyllengrotte von Cumae

Der zweite Kultort, der schon in der Spätantike zahlreichen Touristen als so genannte Grotte der Sibylle gezeigt wurde, befindet sich in Kyme, einer griechischen Kolonie an der Mittelmeerküste nordwestlich von Neapel. Hier weissagte angeblich im 6. Jh. v. Chr. die berühmteste unter den Sibyllen, die von Vergil so eindrücklich verewigte Sibylla Cumana. „… hier siehst du die verzückte Prophetin; tief in der Felskluft kündet sie Schicksal, vertraut den Blättern Zeichen und Namen. Alles was immer an Sprüchen die Jungfrau schrieb auf die Blätter, ordnet nach Zahl sie und lässt es verschlossen zurück in der Grotte. Fest bleibt Spruch bei Spruch am Platz in gehöriger Ordnung; ging die Tür aber auf und wehte nur leise ein Wind-

*Abb. 18: Felsen der Sibylle, Delphi.*

hauch und hat also die Pforte verwirrt die flüchtigen Blätter, niemals bemühte sie sich dann die Sprüche, die wirr durch die Felskluft fliegen, zu fassen und neu zur Ordnung wieder zu fügen. Ratlos scheiden die Frager, sind gram dem Sitz der Sibylle … selbst verkündet sie, öffnet voll Huld zum Orakel die Lippen. Völker Italiens wird sie dir nennen und künftige Kriege; welch Mühsal du meiden sollst und welche bemeistern, kündet sie dir, gibt, fromm verehrt, dir glückliche Seefahrt" (Verg. Aen. 3,44). So wird Aeneas vor seiner Reise die Sibylle von Kyme beschrieben. Und als er schließlich nach langer Irrfahrt durchs Mittelmeer an der cumäischen Küste ankommt, erlebt er eine Inszenierung, die laut Vergil „den harten Trojanern, den Schreck eiskalt durch Mark und Bein rinnen" lässt, denn „ausgehöhlt ist Cumaes Fels zur riesigen Grotte; breit ziehen hundert Schächte hinab, der Mündungen hundert, und hundertfältigen Lauts dröhnt auf der Spruch der Sibylle. Kaum an der Schwelle, begann die Jungfrau: ‚Zeit ist, zu flehen um Schicksalsspruch. Der Gott, oh siehe, der Gott!' So rief sie, stand am Tor, jäh wechselt ihr Antlitz, wechselt die Farbe, hoch auf flattert ihr Haar, hart keucht ihre Brust, voller Wut schwillt wild ihr Herz, hoch wächst sie und wächst, kein sterbliches Wort mehr spricht sie, steht im Anhauch ganz des näher und näher waltenden Gottes … aber noch nicht dem Phoebus gefügt, tobt in der Grotte wild die Prophetin, ob von der Brust den gewaltigen Gott sie abschütteln könnte; doch härter nur zäumt er den rasenden Mund und bändigt ihr wildes Herz und zwingt sie durch straffere Zügel“ (Aen. 6,42 f.) Geht man davon aus, dass diese Beschreibung Vergils in der römischen Kaiserzeit zur Standartliteratur eines jeden römischen Bürgers gehörte, kann man sich nur zu gut vorstellen, nach welchen Vorbildern ein „Lügenprophet“ wie Alexander von Abonuteichos seine Version einer „besessenen“ Mantik entwickelte. Doch was ist Fiktion und was Realität?

Cumae oder griechisch Kyme wurde Mitte des 8. Jhs. v. Chr. durch Kolonisten aus Chalkis/Euboia und Kyme/Aitolia gegründet. Als Standort wählten diese eine Anhöhe am nördlichen Ende des Golfs von Neapel, die vermutlich bereits besiedelt war. Das dahinterliegende Gebiet, die so genannten Phlegräischen Felder, zeichnete sich durch eine hohe vulkanische Aktivität aus, die bis heute an mehreren Stellen in Form schwefelhaltiger Dämpfe zutage tritt. Vögel, die über den nur wenige Kilometer weiter westlich gelegenen von dicht bewaldeten Hängen umgebenen Kratersee Lago Avernus hinwegflogen, sollen Vergil zufolge auf halbem Wege verendet sein (Verg. Aen. 6,237).

Als wichtiger Handelsposten im Warenverkehr mit Etrurien dominierte Kyme schon bald das gesamte Gebiet des Golfs von Neapel und stand deshalb mit den Etruskern im ständigen Konflikt. Um 500 v. Chr. regierte der Tyrann Aristodemos die Stadt und initiierte eine rege Bautätigkeit. 421 v. Chr. wurde die Stadt durch die Samniten erobert, stand jedoch bereits während der folgenden so genannten Samnitenkriege auf der Seite Roms. Mit dem Bau des Hafens von Misenum im 1. Jh. v. Chr. rückte Kyme, nun die römische Stadt Cumae, zunächst in den Interessenshorizont Roms. Die baldige Versandung der Bucht führte jedoch zum wirtschaftlichen Niedergang.

Die auch heute noch auffälligen geologischen Besonderheiten der näheren Umgebung, ihre mythische und unheimliche Stimmung prädestinierten Kyme zum Sitz einer Orakelstätte. So soll es am nahe gelegenen Averner See ein Totenorakel gegeben haben, das schon im 5. Jh. v. Chr. von Sophokles als ein möglicher Handlungsschauplatz der homerischen Odyssee erwähnt wird (Soph. F 748). Vor allem römische Autoren des 1. Jhs. v. und n. Chr. beschreiben dieses Orakel als eine tiefe Höhle im Felsen am Rande des vulkanischen Sees, die von den sagenhaften Kimmerern stammen sollte. Strabon zufolge wurde das Heiligtum von Priestern geleitet, die die Klienten durch die Gänge führten (Strab. 5,4,5). Ob es das Orakel jedoch jemals wirklich gegeben hat, oder ob es schon in der Antike ein Mythos war, ist umstritten. Die einzige inschriftliche Quelle, die in Bezug mit dem Totenorakel gesetzt wird, ist ein in Capua gefundener Festkalender aus dem Jahre 387 n. Chr., der eine „Prozession zu den Unterweltsorten des Avernus“ nennt. Strabon berichtet zudem, dass das Orakel bereits lange vor seiner Zeit verlegt wurde. Möglicherweise wurde es, wie der englische Religionsforscher H. W. Parke vorschlägt, durch das von griechischen Kolonisten in Kyme etablierte Sibyllenorakel abgelöst. Tatsächlich weist sowohl die Ähnlichkeit der in der Literatur beschriebenen Örtlichkeiten wie auch die Darstellung der Sibylle auf verschiedenen zeitgenössischen Vasen darauf hin, dass das Totenorakel und die sibyllinische Weissagungsstätte zumindest in der römischen Zeit miteinander assoziiert wurden.

Das Kernproblem einer Identifizierung des cumäischen Toten- bzw. Sibyllenorakels ist jedoch die Verbindung von schriftlichen und archäologischen Quellmaterialien. Obwohl seine Umgebung bereits seit der Antike intensiv bebaut wurde, stimmen auch heute noch viele der natürlichen Beschreibungen mit dem Aussehen des Averner Sees überein. Die Hügel sind immer noch bewaldet, das Wasser tief und uneinsichtig und die anstehenden Felsen so porös, dass sie von vielen künstlichen wie natürlichen Höhlen durchzogen sind. Bereits in augusteischer Zeit wurden jedoch große Teile der Wälder abgeholzt und verschiedene Verbindungsgänge zwischen dem See und der dicht besiedelten Bucht von Baiae gegraben. Der See selbst wurde als Hafen für Kriegsschiffe genutzt. Dass hier zur selben Zeit ein Totenorakel aktiv gewesen sein soll, ist unwahrscheinlich. Möglich ist allenfalls, dass dessen vermutlich schon im 1. Jh. v. Chr. verlassene Überreste von den römischen Bauleuten in ihr Bauvorhaben integriert worden waren. Aus diesem Grund hätten sich auch Vergil und Strabo nur noch auf mythische, nicht aber auf architektonische Überlieferungen berufen können.

Auch die Lokalität der sibyllinischen Orakelstätte von Kyme ist umstritten. Auf der einen Seite beschreibt vor allem Vergil die Orakelstätte der Sibylle in detaillierter Genauigkeit, doch ist sich die moderne Forschung recht einig darüber, dass dieses im 1. Jh. v. Chr. verfasste Epos nicht als historisch bzw. geographisch genauer Tatsachenbericht gewertet werden darf. Scipio soll die Sibylle bereits 212 v. Chr. tief unten in ihrer „stygischen Höhle" besucht haben (Sil. 13, 421–429). Doch stammt auch diese Textquelle aus nachchristlicher Zeit. Zudem waren die Sibyllinischen Bücher, als ein offensichtlich essentieller Kultgegenstand im Ritual der Sibylle, wie wir sehen werden, bereits in vorrepublikanischer Zeit nach Rom gebracht worden. Keiner der beiden Autoren kann also auf ein aktives Orakel in Cumae angespielt haben.

Dennoch – die Ähnlichkeit der von Vergil beschriebenen Kulttopographie und einem von dem italienischen Archäologen A. Maiuri in den 1930er Jahren entdeckten unterirdischen Gangsystem unterhalb des kymischen Apollontempels (Abb. 19) ist beeindruckend. Das Gangsystem ist durch eine schmale Treppe mit dem direkt auf der Akropolis der antiken Stadt ergrabenen Heiligtum verbunden. Ein von Nischen flankierter Eingang führt in einen in NS-Richtung verlaufenden trapezoiden 5 m hohen und 131 m langen Gang. Drei vermutlich später eingefügte westliche

*Abb. 19: Eingang zur sog. Sibyllengrotte in Cumae.*

Seitengalerien geben Licht von der Meerseite. Drei östliche Galerien wurden in römischer Zeit zu Zisternen umfunktioniert, die von einem Kanal in der östlichen Seitenwand gespeist wurden. An seinem Ende erweitert sich der lange Gang in drei große Nischen mit Gewölbedecke, von denen nur die östliche als eigenständiger Raum bezeichnet werden kann, da dieser vermutlich mit einer niedrigen bogenförmigen Tür aus Holz oder Metallgittern verschließbar war und eine Art Vorraum mit Bänken zu beiden Seiten besaß. Der hintere Raum ist durch einen in den Felsen gehauenen Sims gegenüber den nur wenig bearbeiteten Gewölben des Dromos und der anderen Nischen hervorgehoben. Zum Leidwesen der Archäologen wurden nirgendwo im Gangsystem Inschriften oder Funde entdeckt, die eine exakte Datierung oder eine Funktionszuweisung des Bauwerkes zuließen. A. Maiuri datierte es daher allein aufgrund der Bauweise ins 5. Jh. v. Chr. und wies es als Heiligtum der Sibylle von Kyme aus. Noch heute findet sich diese Zuweisung in zahlreichen Reiseführern wieder. Doch schon in den 1980er Jahren sprach M. Pagano aus den oben genannten Gründen dem Gangsystem jede Verbindung mit der Sibylle ab. Ihm zufolge sei es ein frühhellenistischer Wehrgang mit Schießscharten, die sich zum Meer hin öffnen und schließen ließen, einer Zisterne zur Versorgung der Soldaten und mit Unterbringungsmöglichkeiten für Menschen und Pferde im hinteren Bereich.

Wie auch immer dieses eindrucksvolle Bauwerk zu interpretieren ist, Fakt ist, dass es schon immer die Phantasie der Besucher inspirierte. Auch in der Spätantike nämlich besuchten interessierte Reisende die längst vergessene Siedlung und die dort berühmte Grotte der Sibylle. Eine detaillierte Beschreibung findet sich bei Pseudo Iustinia aus dem 4. Jh. n. Chr., der von einem Fremdenführer in einem unterirdischen Gangsystem bei der Akropolis herumgeführt worden war (Iustin. Coh. Ad Graec. 37,1). Er beschreibt das Bauwerk als mächtige in den Felsen gehauene Basilika, in deren Mitte drei in den Fels gehauene Wasserbecken der Sibylle als Bad dienten. Nachdem sie sich angekleidet hatte, schritt sie in den hintersten Raum der Höhle, wo sie auf einem Podest sitzend das Orakel gesprochen haben soll. Da diese Angaben noch eindeutiger als die des Vergil mit dem von A. Maiuri entdeckten Dromos übereinstimmen, wird angenommen, dass der Ort spätestens seit dem 1. Jh. v. Chr. verlassen und in der Folge als mythischer Sitz der Sibylle Touristen auf den Spuren Vergils gezeigt wurde. Die häufige und intensive Erwähnung der Stätte in der augusteischen Literatur ist wie die in Capua gefeierte Prozession zu den „Totenstätten des Avernus“ nicht zuletzt dem steigenden Interesse dieser Zeit an mystifizierenden Kulten zuzuschreiben. Während ein aktives Orakel zumindest in römischer Zeit auszuschließen ist, lassen die zahlreichen Vasendarstellungen und die Totenorakelerwähnungen der klassischen und hellenistischen Zeit jedoch vermuten, dass lange vor der römischen Besiedlung der Gegend ein orakelähnlicher Kult mit einem weiblichen Medium und möglicherweise männlichen Kultpersonal existiert haben könnte, der in einer der zahlreichen natürlichen, leicht zu bearbeitenden Höhlen der Umgebung seine Kultstätte gefunden hatte.

## Die Sibyllinischen Bücher in Rom

Neben den Auguren und Haruspices war die Konsultation der so genannten *libri Sybillini* (auch *libri fatales)* die dritte wichtige öffentliche Divinationsart Roms. Der Begriff bezeichnet ursprünglich eine Sammlung von Prophezeiungen der Sibylle Cumana, die in besonderen Krisenzeiten und bei besonderen Vorzeichen konsultiert wurden, denn dem Mythos nach schrieben alle Sibyllen ihre Prophezeiungen selber nieder und zwar nicht auf Papyrus, sondern auf einfache Pflanzenblätter. Eine solche Sammlung von neun Bücher soll eine alte Frau, vermutlich die Sibylle selbst, dem König Tarquinius Superbus angeboten haben. Doch als der König handeln wollte, verbrannte sie kurzerhand drei der neun Bücher vor seinen Augen, um gleich danach denselben Preis erneut zu fordern. Tarquinius fand den Preis nun erst recht zu hoch. Doch nachdem die alte Frau drei weitere Bücher verbrannt hatte, lenkte der König aus Angst auch noch die letzten drei zu verlieren ein und zahlte zähneknirschend den anfänglich für neun Bücher geforderten Preis (Plin. nat. 13,27,88).

Die Sammlung wurde zunächst in einer steinernen Lade im Keller des Kapitolinischen Tempels verwahrt. Nachdem sie 83 v. Chr. jedoch bei einem Brand fast vollständig zerstört und nur unter großen Mühen rekonstruiert wurde, brachte man sie im neu gegründeten Apollontempel auf dem Pallatin unter. Um die Glaubwürdigkeit dieser neuen Sammlung zu untermauern, ließ man von überall dort, wo eine Sibylle geweissagt haben soll, deren Sammlungen konfiszieren und nach Rom bringen. Spätestens seit dieser Zeit wurden die Bücher immer enger an den Kult des griechischen Orakelgottes Apollon gebunden. Sie waren nicht nur in griechischer Sprache und in Hexametern verfasst, sie durften auch nur auf Anfrage des Senats und nur durch ein bestimmtes Priesterkolleg (*Duumviri, Decemviri* bzw. *Qindecemviri*) eingesehen werden, das zum direkten Kultpersonal des apollinischen Tempels gehörte.

In Privatfragen wurden die Sibyllinischen Bücher niemals zu Rate gezogen. Ihre Konsultation betraf weitgehend religiöse Fragen zum Wohl des Staates und später der Kaiser. Wurde in oder bei Rom also ein bestimmtes negatives Vorzeichen (*prodigia*) beobachtet, wurde dies zunächst im Senat vorgebracht. Dieser entschied dann, ob der Fall wichtig genug für eine Befragung der Bücher war. Valerius Maximus nennt verschiedene Beispiele für solche spontan auftretenden Progidien: sprechende Statuen, eine Vestalin, die Wasser in einem Sieb tragen konnte, ohne es zu verschütten, die Geburt eines Hermaphroditen oder ein Feuer, dass auf dem Kopf von Servius Tullius brannte, ohne diesen zu verletzen. Manche dieser Zeichen waren so offensichtlich, dass sie keiner Erklärung bedurften, andere mussten durch die Priester der Sibyllinischen Bücher erst interpretiert werden. Leider überliefert keiner der antiken Autoren, wie die Konsultation genau vonstattenging. Die Antworten umfassten weitgehend rituelle Vorschriften, wie das Entfernen des ungünstigen Vorzeichens, Lustrationsrituale, Opfer, Geldspenden oder Prozessionen zu Ehren bestimmter Götter. Nur in Ausnahmefällen wurden extreme Maßnahmen notwendig. So etwa im Jahre 228 v. Chr., als die Bücher einen Überfall auf Rom durch Griechen und Gallier weissagten. Um das Unheil abzuwenden, ordneten sie an, je ein Paar Gallier und ein Paar Griechen bei lebendigem Leibe auf dem Forum zu verbrennen. Der Senat befolgte die Anweisung, die Opfer wurden verbrannt – und Rom blieb von dem Überfall verschont. Häufiger wurde allerdings die Einführung eines neuen Kultes gefordert. Als Rom im Jahre 293 v. Chr. von einer Seuche heimgesucht wurde, empfahlen die Bücher den Kult des Asklepios aus Epidauros nach Rom zu überführen. Der Heilgott folgte der Einladung und betrat in Form einer Schlange das Schiff nach Italien. Als dieses in Rom angekommen die Tiberinsel passierte, glitt die Schlange von Bord und ging an Land.

Wenig später errichtete man dem neuen Gott ein Heiligtum auf der Insel (Liv. 10,47,7) – und die Seuche verließ die Stadt. Noch heute befindet sich an dieser Stelle ein Krankenhaus. Ein zweites Beispiel für die Einführung eines neuen Kultes im Auftrag der Sibyllinischen Bücher ist die Einführung der Magna Mater. Als Antwort auf die punische Bedrohung durch Hannibal 204 v. Chr. schickte man auf Anraten der Sibyllinischen Bücher eine römische Delegation nach Pessinus in Kleinasien, wo sich ein bedeutendes Heiligtum der Kybele befand. Hier erhielten sie nach langen Verhandlungen ein anikonisches (nicht figürliches) Kultbild der Göttin, vermutlich einen Meteoriten, das in Rom in eine Silberstatue eingearbeitet wurde, denn im Gegensatz zu den Einwohnern Phrygiens waren die Römer nicht an solche Art von Kultbildern gewöhnt. Am 11. April 191 v. Chr. weihte man der neuen Göttin ein Heiligtum auf dem Pallatin (Liv. 24,10,4 f.), Hannibal wurde besiegt und die Sibyllinischen Bücher hatten wieder einmal ihre Verlässlichkeit unter Beweis gestellt.

## Oracula Sibylla – Wie die Sibylle christlich wurde

„Komm und höre meine traurige Geschichte über das Volk der Latiner", beginnt das vermutlich im 2. Jh. n. Chr. entstandene fünfte Buch der Sibylle. Und tatsächlich: Die „Feuersbrunst von Troja", Nero („der Unheilvolle"), seine nicht minder grausamen Nachfolger und alle Katastrophen, die diese anrichteten – all das hatte die Sibylle scheinbar vorausgesehen. In der Kaiserzeit nahm die tragende Rolle der Sibyllinischen Bücher ab, was nicht zuletzt daran lag, dass immer mehr inoffizielle Orakelsammlungen in Umlauf gebracht wurden. Natürlich fürchteten alle Herrscher diese unkontrollierbaren Prophezeiungen, doch konnte keiner von ihnen der Lage Herr werden – trotz der Androhung drakonischster Strafen. Fragmente, wie das eingangs verwendete Zitat, die sich bis heute erhalten haben, beweisen aber auch, dass sich der Stil der Texte verändert hatte. Die Orakel folgen weniger dem traditionellen Schema von Progidium und Sühnevorschrift, sondern sind allgemeiner gehalten und orientieren sich eher an zeitgenössischen und hellenistischen Ideen. Viele von ihnen wurden im Laufe der Jahrhunderte immer wieder ergänzt und erweitert, so dass sich nur schwer ein Original erkennen lässt. Vor allem die spätantiken christlichen Autoren waren es, die sich die Prophezeiungen der Sibylle für ihre Zwecke zu eigen machten. Woher aber kamen diese christlichen Prophezeiungen einer paganen Priesterin zu dieser Zeit?

Über mit griechischer Kultur vertraute Juden hatte sich schon seit etwa 140 v. Chr. der griechisch geschriebene Text einer chaldäisch-jüdischen Sibylle verbreitet, die mit dem Namen Sabba oder Sambethe erwähnt wurde und vermutlich babylonischen oder ägyptischen Ursprungs war. Die Prophezeiungen nutzten somit ein den Griechen vertrautes Medium (die Hexameter der sibyllinischen Prophezeiungen), um auch außerhalb der jüdischen Gemeinden das Konzept der messianischen Heilserwartung zu popularisieren und ihren Glauben einem breiteren Publikum näher zu bringen. Eben diese Texte machten sich auch die Kirchenväter zunutze, um ihre Version der Geschichte zu verbreiten. Augustinus etwa suchte gezielt nach „Worten Gottes“ in den alten Sibyllinischen Büchern, um diese dann im christlichen Glauben zu interpretieren. Der Text wurde quasi christlich editiert und mit prophetischen Vorstellungen so weit bearbeitet, dass es am Ende so schien, als ob die gesamte römische Geschichte allein auf die Ankunft Christi ausgerichtet gewesen wäre. Das so genannte Orakel des Hystaspes etwa, das vermutlich im 2. Jh. n. Chr. in Mesopotamien entstand und einem persischen König namens Hystaspes prophezeit worden sein soll, beschreibt dezidiert den Untergang Roms, das Ende der Welt und den Aufstieg des Christentums. Das so genannte Orakel von Baalbek wurde dagegen einer italischen Sibylle, der Sibylle von Tibur, in den Mund gelegt. Sie soll auf einem Felsen unterhalb des Kapitols in Rom gesessen haben, als ein hebräischer Priester sie nach einer Vision befragte, die er gehabt hatte: neun Sonnen, die gleichzeitig am Himmel geschienen hätten. Die Sibylle antwortete, dass die neun Sonnen die neun Generationen symbolisierten, die vom Beginn der Welt bis zur Regentschaft des Anastasius leben würden. Im gleichen Atemzuge prophezeite sie nicht nur die Geburt Jesu, sondern auch den Erfolg der Kirche, das Unheil, dass die Herrscher Theodosius, Valentinian und Leo über das Volk Roms bringen würden und das Ende der Welt.

Der vielleicht bedeutendste Unterschied zwischen paganen und christlichen Sibyllen und ihren Prophezeiungen liegt in ihrer Chronologie, denn die Orakel der christlichen Sibyllenbücher sind keine Antworten auf eine bestimmte Frage. Und schon gar nicht – im klaren Gegensatz etwa zu Vergils Beschreibung der cumäischen Sibylle – ausgesprochen von einer vom Gott besessenen Frau. Niemals spricht die Sibylle der christlichen Sammlungen in Rätseln oder auch nur Andeutungen. Ihre Texte sind vielmehr vergleichbar mit den Weissagungen jüdischer Propheten. Ihr Spruch stammt immer aus einer längst vergangenen Zeit. Der/die Prophet/in ist schon lange tot. Beide verbreiten zudem nicht nur eine neue monotheistische Weltordnung, sondern lehren auch eine damit verbundene ethische Moralvorstellung. Die Texte dienen also der rückwärtigen Kontemplation und bieten damit auch nicht, wie die Sibyllinischen Bücher Roms, eine konkrete Lösung für ein akutes Problem.

Es dauerte fast 700 Jahre, bis die Sammlung dieser christlichen Orakel schließlich vollständig war. Etwa im 6. Jh. n. Chr. taucht sie unter dem Titel *Oracula Sibylla* in verschiedenen Klosterbibliotheken des Abendlandes auf.

Mit den antiken paganen und jüdischen Originalen hatten diese Texte jedoch nur noch wenig gemein: „Wenn alles zu Ende geht, wirst du dich meiner erinnern. Und niemand wird dann sagen, ich sei wahnsinnig gewesen – ich die Prophetin des einzigen Gottes“, warnt die Sibylle im dritten Buch der Sammlung (Sib. 3,817–818). Indem also selbst die paganen Prophetinnen die Ankunft Christi vorhersagen, wird der Sieg des Christentums von den Besiegten ein weiteres Mal legitimiert.

# Das Ende der Weisheit?

## Der Untergang der Orakel in der christlichen Spätantike

Im Jahre 362 n. Chr., so berichtet der Kirchenhistoriker Philostorgios, sandte der letzte nicht christliche Kaiser des Römischen Reiches, Flavius Claudius Julianus (360– 363 n. Chr.), seinen Vertrauten, Leibarzt und Bibliothekar Oreibasios nach Delphi. Er sollte das wieder gut machen, was die christlichen Kaiser vor Julian angerichtet hatten: den Apollontempel wieder aufrichten und dem Orakel zu seinem alten Glanz verhelfen. Natürlich befragte er auch die Pythia. Und während uns der Wortlaut der Frage nicht überliefert ist, handelt es sich bei der Antwort um einen der meist zitierten Orakelsprüche der Antike: „Sage dem Herrscher, zerstört liegt die kunstgesegnete Stätte, Phoibos besitzt kein Dach mehr und keinen prophetischen Lorbeer. Verstummt ist der sprechende Quell, es schweigt das murmelnde Wasser" (PW 2, Nr. 476), soll die Seherin dem Abgesandten prophezeit und danach für immer geschwiegen haben. Und trotz aller Bemühungen des römischen Kaisers: Wo seit Jahrhunderten viele Menschen Rat und Hilfe gesucht hatten, verstummten mit einem Mal die göttlichen Stimmen, versiegten die heiligen Quellen und verfielen die prächtigen Tempelbauten – so will es jedenfalls die christliche Überlieferung.

### Von der Sekte zur Weltmacht – Der Aufstieg des Christentums

Der Erfolg des Christentums kam nicht über Nacht. Es dauerte mehr als 300 Jahre, bis sich die monotheistische Sekte zur Weltreligion entwickelt hatte. Die ersten christlichen Glaubensgemeinschaften bildeten sich wahrscheinlich im 1. Jh. v. Chr. im Hinterland der Levanteküste als eine von vielen neuen Kulten innerhalb des Römischen Reiches. Von Palästina und Ägypten breitete sich die neue Religion schließlich über Kleinasien und Griechenland bis in den Westen des Römischen Reiches aus. Die stabilen Verhältnisse innerhalb des Reiches, die sicheren Reise- und Handelsrouten trugen dazu nicht unwesentlich bei.

Während sich jedoch die zahlreichen zeitgleich nach Rom importierten polytheistischen Religionen, wie etwa die Mysterien der Isis oder der Kybele oder des persischen Gottes Mithras, ohne Probleme in die dortige Gesellschaft einfügten, zogen die Christen bald das Misstrauen des Staates auf sich. Als monotheistische, abgeschlossene und andere Glaubensrichtungen rigoros ablehnende Kultgemeinschaft propagierten sie auch noch eine alleinige Wahrheit für sich. Außerdem förderte ihre eschatologische Vorstellung eines himmlischen Paradieses nach einer Zeit im irdischen Jammertal eine Abkehr des Gläubigen von der Gegenwart, seinen damit verbundenen gesellschaftlichen Verpflichtungen und – weit gefährlicher für das römische Staatsmodell – von den politischen, sozialen und wirtschaftlichen Hierarchien. Die Folge war ein Verbot und – bei Missachtung – die Verfolgung der christlichen Glaubensanhänger. Wie viele von ihnen bei den Christenverfolgungen der ersten beiden nachchristlichen Jahrhunderte dabei wirklich ums Leben kamen, ist ungewiss, denn das Bild, das uns in der Literatur davon präsentiert wird, ist verzerrt. Zu zahlreich sind die seit dem 3. Jh. n. Chr. überlieferten antik-christlichen Quellen, die die Mildtätigkeit der friedliebenden Christen loben und die Grausamkeit der Repressalien durch den römischen Staat betonen, zu selten die archäologischen und epigraphischen Belege.

Doch allen Widrigkeiten zum Trotz – schon im 3. Jh. n. Chr. entwickelte sich das Christentum zur Massenerscheinung. Anfang des 4. Jhs. n. Chr. waren etwa 10 % der gesamten Reichsbevölkerung christlich – in Kleinasien weit mehr als auf der italischen Halbinsel. So war es nur noch eine Frage der Zeit, bis auch das Kaiserhaus konvertierte. Kaiser Konstantin (306–337 n. Chr.) war schließlich der erste römische Kaiser, der sich offiziell zum Christentum bekannte – angeblich nachdem er im Jahre 312 n. Chr. das Zeichen Christi am Himmel über der Milvischen Brücke vor den Toren Roms gesehen hatte, kurz bevor er in die entscheidende Schlacht gegen seinen Gegner Maxentius ritt. Nach seinem Sieg und dem Einzug in Rom lehnte er die paganen Opfer zu Ehren der gewonnenen Schlacht demonstrativ ab. Er legte sich einen bischöflichen Berater zu und förderte aktiv den Ausbau christlicher Bauwerke, ohne jedoch die paganen Kulte zu diskriminieren. Seine eigene Mutter Helena unternahm noch in hohem Alter eine Pilgerreise ins Heilige Land. 325 n. Chr. schließlich erhob Konstantin auf dem Konzil von Nicaea das Christentum zur Staatsreligion.

Während Konstantin Zeit seines Lebens die paganen Kulte, wenn auch nicht unterstützte, so doch duldete, waren seine Nachfolger weit weniger tolerant. Vor allem unter dem Dogma der „einzigen Wahrheit“ führten sie einen teilweise rigorosen Kampf zunächst gegen einzelne christlich-jüdische Absplitterungen, später auch gegen den Polytheismus allgemein. Vor allem Theodosius (379–395 n. Chr.) und Justinian (527–565 n. Chr.) ordneten reichsweite Heidenpogrome an, die nicht weniger grausam waren als die von den christlichen Autoren so stark verurteilten Christenverfolgungen einige Jahrzehnte zuvor. Überhaupt hatte die frühchristliche Geschichtsschreibung, wie schon im Kapitel über die sibyllinischen Orakel dargelegt wurde, einen bedeutenden Einfluss auf die Entwicklung des gesamten Christentums. Einer der frühesten Rädelsführer unter ihnen war der caesaräische Bischof Eusebius (264–339 n. Chr.). Er war nicht nur der Verfasser der *Vita Constantini*, einer offen parteiliche Lobschrift über das Leben des Kaisers, sondern auch der *Praeparatio Evangelica,* einer zehnbändigen Kirchengeschichte, geschrieben zwischen 311 und 320 n. Chr. In diesem umfangreichen Werk versucht er die „drei Fehler des Polytheismus" zu dekonstruieren: die Mythologie, die Philosophie und die Religion. Die antike Weissagekunst schien er dabei besonders zu verabscheuen: Allein zwei Bücher befassen sich mit diesem Thema. Ihm zufolge basierten alle antiken Orakel auf Scharlatanerie und Betrug. Wenn also ein Orakelspruch tatsächlich in Erfüllung ging, dann aus reinem Zufall. So gibt er fast schadenfroh zu Protokoll, dass zwei Orakelpriester vor einem christlich-römischen Gericht so lange gefoltert wurden, bis sie endlich zugaben, dass alles „kunstvoll eingerichtetes Theater" gewesen sei (4.135c*).* Eusebius zieht für seine Argumentation zahlreiche „Originaldokumente" als Beweis heran. Über die Authentizität dieser Dokumente ist sich die moderne Forschung im Allgemeinen zwar einig, jedoch ist ihre Auswahl sehr eingeschränkt: Aufgenommen wurde nur, was in Eusebius' Konzept passte. Da jedoch sein Werk einen unglaublichen Einfluss auf spätere Autoren und Gelehrte hatte und unter anderen von Theodoret von Kyros weitergeführt und von Rufinius von Aquileia ins Lateinische übertragen wurde, ist es nicht weiter verwunderlich, dass unser Wissen über das Schicksal der antiken Orakelstätten in der Spätantike zumindest die schriftliche Überlieferung betreffend stark subjektiviert ist. Hatten sich die paganen Götter also wirklich kampflos dem neuen Gott ergeben?

## Delphi in der Spätantike

Dass sich die paganen Götter wirklich widerstandslos dem neuen Gott ergaben, ist unwahrscheinlich, denn die historische und archäologische Realität sah tatsächlich etwas anders aus. Sicherlich, schon Strabon hatte um die Zeitenwende den Niedergang Delphis konstatiert. Und auch Plutarch musste trotz seiner Stellung als delphischer Priester anmerken, dass die Orakelanfragen zu seiner Zeit längst nicht mehr so zahlreich und vor allem nicht von so hoher politischer Bedeutung waren, wie es noch in klassischer Zeit der Fall gewesen war. Doch schon immer scheint Delphi eine besondere Aura für die römischen Kaiser gehabt zu haben. Livia, die Frau des Augustus (27 v. Chr. – 14 n. Chr.), ließ den bronzenen Buchstaben E an der Fassade des Tempels durch einen goldenen ersetzten. Augustus selbst opferte dem Gott einige Waffen. Selbst Nero (54–68 n. Chr.) nahm nicht nur an den pythischen Spielen Teil, sondern belohnte einen Orakelspruch der Pythia mit nicht weniger als 100 000 Sesterzen, kurz bevor er etwa 500 Bronzeskulpturen aus dem Heiligtum nach Rom schaffen ließ, um diejenigen zu ersetzen, die im Feuer des Jahres 64 n. Chr. zerstört worden waren. Der sonst eher als trocken bekannte Kaiser Titus (79–81 n. Chr.) übernahm in Delphi das Amt eines *archon*. Auch Domitian (81–96. n. Chr.) spendete große Summen, um den Tempel des Apollon renovieren zu lassen. Vor allem in antoninischer und severischer Zeit jedoch erlebte Delphi eine Renaissance. Hadrian (117–138 n. Chr.), bekannt als großer Philhellene, besuchte Delphi gleich zweimal und befragte persönlich die Pythia nach dem Geburtsort Homers. Die Stadt ehrte auch ihn hierfür mit dem Amt des *archon* und der Aufstellung mehrerer Ehrenstatuen.

Archäologisch lässt sich in den beiden Jahrhunderten nach der Zeitenwende eine rege Bautätigkeit vor allem im Bereich der Repräsentations- und Festspielbauten nachweisen. Ende des 2. Jhs. n. Chr. wurde das Stadion vergrößert, so dass nun über 6500 Menschen Platz darin fanden. Anfang des 4. Jhs. n. Chr. entstanden große Thermenanlagen östlich des heiligen Bezirkes ebenso wie die so genannte römische Agora unmittelbar vor dem Eingang zur heiligen Straße. Das Heiligtum konnte sich zumindest in Festspielzeiten vor Besuchern kaum retten. Nur das eigentliche rituelle Zentrum, das Orakel, einst Hauptziel der Pilgerscharen, scheint ein wenig in Vergessenheit geraten zu sein. Zwar ließ der Prokonsul Leonticus Anfang des 3. Jhs. n. Chr. den Tempel nach einem verheerenden Brand renovieren, doch wurde lediglich ein Notdach eingezogen, Säulen und Cellawand eher notdürftig repariert. Das schwindende Interesse an den Weissagungen der Pythia beweisen auch die wenigen überlieferten Inschriften dieser Zeit. Die meisten von ihnen stammen von lokalen Fragestellern und sind eher privater Natur. Zudem war der delphische Frieden von einer neuen Gefahr bedroht, denn das immer stärker werdende Christentum hatte den paganen Kultstätten den Kampf angesagt. Delphi, als eine der berühmtesten unter ihnen, wurde zu einem der Hauptfeinde erklärt. Um 200 n. Chr. ließ Clemens von Alexandria verbreiten, dass die Quelle der Kastalia ebenso wie die des Ammon von Siwa und des Apollon von Klaros versiegt waren (Clem. Alex. Protr. 1.c). Sein Schüler Origines beklagte jedoch das fortwährende Wirken des Orakels (Celsus 3.25). Eusebius spannt die Pythia als Erster für seine Zwecke ein. Er überliefert eine Geschichte, in der Kaiser Augustus die Pythia wegen seiner Nachfolge befragt haben soll. Die Priesterin schwieg zunächst, antwortete ihm aber dann, dass ein hebräisches Kind sie aufgefordert habe, den Tempel zu verlassen und in den Hades zurückzukehren. Verunsichert ließ Augustus nach seiner Rückkehr nach Rom einen Altar für einen „erstgeborenen Gott“ errichten (Malalas x5).

Als das Christentum mit der Bekehrung Konstantins (306–337 n. Chr.) auch am kaiserlichen Hof Einzug hielt, wurde schließlich allen paganen Kultstätten, auch den großen Orakelheiligtümern, jegliche öffentliche Unterstützung entzogen. Als der Kaiser in den 320er Jahren mit dem Ausbau

Byzantions zu seiner neuen Hauptstadt begann, ließ er in Griechenland und Kleinasien viele Kunstschätze konfiszieren, um sie dort aufzustellen. Dazu gehörte auch die berühmte Schlangensäule aus Delphi, die die Athener anlässlich der Schlacht von Plataia gestiftet hatten und die heute noch im antiken Hippodrom nahe der Hagia Sophia in Istanbul besichtigt werden kann. Viel einschneidender als der Raub eines der vielen Weihgeschenke des Orakels war jedoch die Tatsache, dass Konstantin auch die goldene Kultstatue des Apollon und den Dreifuß der Pythia aus dem Allerheiligsten des Tempels entfernen ließ. Niemand wagte sich jedoch gegen diesen Frevel aufzulehnen. Oder hatte niemand mehr ein Interesse daran?

Fakt ist, dass eine um 300 n. Chr. entstandene Sammlung von Kaiserviten noch mindestens vier Sprüche der Pythia verzeichnet. Ob das Ritual so weiterging wie bisher und der alte Dreifuß einfach durch einen neuen ersetzt wurde oder ob die Pythia ohne ihren angestammten Sitz weissagen musste, kann jedoch nicht rekonstruiert werden. Ohnehin – einer der Nachfolger Konstantins, Constantinus, ließ 357 n. Chr. jegliche Form der Divination im gesamten Römischen Reich verbieten. Wie lange es dauerte, bis das Verbot auch in Delphi umgesetzt wurde, ist umstritten. Noch in den Jahren 353 und 359 n. Chr. bezeugt der römische pagane Historiker Ammianus Marcellinus zwei weitere Anfragen. Danach jedoch verliert sich die Spur – bis zu Julians legendärem Orakelspruch wenige Jahre später. Doch ist diese selbstvernichtende Antwort der Pythia wirklich authentisch oder bloß christliche Propaganda?

Flavius Claudius Julianus wurde 332 n. Chr. in Kappadokien geboren, wo er eine strenge christliche Erziehung erhielt. Dennoch ließ er sich im Alter von 20 Jahren von dem Neoplatoniker Maximos von Ephesos zum Polytheismus bekehren und studierte in der Folge in Nikomedia, Pergamon, Athen und Ephesos. Als der eigentliche Caesar des Ostens, Gallus, 354 n. Chr. in Istrien ermordet wurde, ernannte Kaiser Constantinus Julian, der seine Religionszugehörigkeit zu dieser Zeit nicht öffentlich machte, zu seinem Nachfolger. Erst als er 360 n. Chr. zum Augustus erhoben wurde und sich durch zahlreiche gewonnene Schlachten etabliert hatte, machte er daraus keinen Hehl mehr und brachte den alten Göttern öffentliche Opfer dar. Als Constantinus an einem Fieber gestorben war und Julian Rom erobert hatte, ließ er schließlich viele der paganen Priester aus dem Exil zurückholen und die alten Kultzentren wieder eröffnen. Doch nicht immer hatte er dabei die Bevölkerung auf seiner Seite, denn das Reich war im 4. Jh. n. Chr. bereits stark gespalten in christliche und nicht christliche Glaubensanhänger. Als Julian etwa im Juni 362 n. Chr. den Apollontempel von Daphnis bei Antiochia mit großem Pomp wieder eröffnen ließ, wurde dieser nur wenige Monate später vermutlich von christlichen Fanatikern bis auf die Grundmauern niedergebrannt. Und auch außenpolitisch hatte

Julian Schwierigkeiten. Die durch seinen Vorgänger nur mühsam niedergerungene Bedrohung durch die Perser an der Ostgrenze des Reiches führte Anfang 363 n. Chr. zu erneuten Kämpfen. Julian schlug die Armee zunächst erfolgreich zurück. Doch im Juni 363 n. Chr. wurde er in einem Scharmützel kurz vor der persischen Hauptstadt Ktesiphon selbst von einer Lanze getroffen und starb. Bis heute spekulieren Historiker, ob der Mörder ein Perser oder aber ein christlicher Soldat aus den eigenen Reihen gewesen war. Sein Leichnam wurde in Tarsos begraben und später angeblich nach Konstantinopel überführt. Mit Julian endete nicht nur die letzte pagane Epoche des Römischen Reiches, sondern auch die konstantinische Dynastie. Da der Kaiser nur eine Tochter hinterließ, die bereits im Kindesalter starb, wurde sein Nachfolger der christliche Offizier Jovian. Julian aber ging mit dem Beinamen „Apostata", der Abtrünnige, in die Geschichte ein.

Über das so genannte letzte delphische Orakel gibt es zwei Versionen – beide aus der christlichen Überlieferung. Neben der oben genannten und allgemein berühmt gewordenen, besagt eine zweite, dass die Pythia Julians Abgesandten zu einem Angriff auf die Perser geraten haben soll und sein darauf folgender Tod eine gerechte Strafe Gottes gewesen sei. Die Authentizität beider Legenden ist ungewiss. Julian selber war zur Zeit der Verkündung bereits auf seinem Feldzug gegen die Perser. Viele Geschichtsschreiber seiner Zeit hatten sich ihm angeschlossen, so dass auch sie nicht aus erster Hand berichten konnten. So kommt es, dass allein Philostorgios als Zeitgenosse das Orakel überliefert. Alle späteren Autoren, die das Ereignis erwähnen, berufen sich auf ihn. Wie Philostorgios jedoch selbst an die Informationen gekommen sein soll, da doch Oreisbasios eine solch niederschmetternde Verkündigung sicherlich verschwiegen hatte, bleibt schließlich ebenso ungeklärt wie das Schicksal der letzten Pythia selbst. Nachdem die Nachfolger Julians die alte christliche Ordnung innerhalb kürzester Zeit wiederhergestellt hatten, blieben die Pforten des *adytons* tatsächlich offiziell für immer verschlossen. Weder die Inschriften aus Delphi noch die antiken Quellen verzeichnen einen weiteren Spruch der Pythia. 391/92 n. Chr. ließ Kaiser Theodosius jegliche Ausübung heidnischer Rituale in Delphi wie auch in allen anderen paganen Kultstätten endgültig verbieten. Seine umfangreiche Gesetzessammlung, der *Codex Theodosianus,* ordnete unter anderem an, dass Orakelpriester bei gegebenem Anlass gefoltert und bestraft werden durften ebenso wie andere Wahrsager und Astrologen. Aber auch Privatpersonen wurden bestraft, wenn sie sich in der Öffentlichkeit bei der Konsultation eines Wahrsagers oder Orakels erwischen ließen. So wurde Fidustius, ein hoher Beamter unter dem Kaiser Valens (364–378 n. Chr.), aufs Schwerste gefoltert, weil er angeklagt war, bei einem Orakel den Namen des kaiserlichen Nachfolgers erfragt zu haben (AM 29,1,5). In Delphi lässt sich archäologisch nachweisen, dass der Tempel seit dem Ende des 4. Jhs. n. Chr. keine weiteren Renovierungsarbeiten mehr erhielt und langsam verfiel. Im Gymnasion richteten sich verschiedene Handwerksbetriebe ein, später finden sich hier auch Grablegungen. Ob es an ihrer ruhmvollen Vergangenheit lag oder nicht – die Stadt Delphi blieb trotz ihrer abgelegenen Topographie und trotz der Einstellung des Orakelbetriebes wohlhabend. So wohlhabend, dass es sich ein delphischer Bürger noch zu Beginn des 5. Jhs. n. Chr. leisten konnte, in Rom aufwendige Spiele zu finanzieren. Etwa zur selben Zeit bauten die Delphier ihre Befestigungsmauern und Straßen aus. Um das Temenosgebiet herum wurden nun immer größere Privatkomplexe, teilweise mit eigenen Thermenanlagen errichtet. Delphi wurde Bischofssitz und in der Nähe des Tempels eine Basilika errichtet. Die Erforschung der spätantiken Bauten wird jedoch durch die Tatsache erschwert, dass die Archäologen der so genannten *grande fouille* (1896–1899), die natürlich nur nach den Überresten des klassischen Delphi suchten, große Teile der spätantiken Stadt zerstörten. So wird es auch nie ganz geklärt werden können, ob die Nymphe Kastalia, wie die Legende sagt, eine neue Verehrungsstätte im Narthex der christlichen Basilika erhielt.

Um 600 n. Chr. begann schließlich auch Delphi wie das gesamte Römische Reich zu verfallen und wurde schließlich ganz verlassen. Erst im Spätmittelalter siedelten sich an dieser Stelle wieder Menschen an. Das von ihnen gegründete Dorf nannten sie Kastri. Ob sich diese Menschen, meist Bauern und Schafszüchter, der historischen Bedeutung ihrer Wohnstätte schon damals bewusst waren, bleibt jedoch fraglich.

## Didyma und andere Orakel in der Spätantike

Das Schicksal Delphis ereilte natürlich auch die meisten anderen Orakelstätten der antiken Welt. So hatte auch das kleinasiatische Didyma in antoninischer Zeit eine Hochphase zu verzeichnen. Auch hier waren es vor allem die Festspiele die große Pilgerströme anlockten. Um 200 n. Chr. wurde daher das Gebiet westlich der heiligen Straße von Milet nach Didyma ausgebaut und südlich des Tempels wurden Thermen für die Sportler errichtet. Zahlreiche Inschriften und Weihungen weisen aber auch auf einen regen Orakelbetrieb hin. Keramik und Münzen aus allen Teilen der Welt zeugen zudem von einer hohen internationalen Bekanntheit des Heiligtums. All dies war nicht zuletzt dem geschickten Taktieren der Branchiden, der didymäischen Priester, zu verdanken, die es verstanden sich am römischen Hofe beliebt zu machen. Gleich nach dem gewaltsamen Tode des Kaisers Caracalla etwa sandten sie einen Botschafter zu dessen Nachfolger Macrinius, um diesem mit einer Nachbildung des didymäischen Apollon ihre Aufwartung zu machen. Auch in den kommenden Jahrzehnten verkehrten sie regelmäßig am römischen Hofe, um sich die wirtschaftliche wie politische Unterstützung der Kaiser zu sichern. Erst um 260 n. Chr. war die Prosperität Didymas ernsthaft in Gefahr. Die von Norden heranziehenden Goten bedrohten auch die Stadt Milet und das dazugehörige Orakelheiligtum. Um Rom um Hilfe zu bitten, war es nun zu spät – man musste sich selbst verteidigen. Um die umliegende Bevölkerung in Sicherheit zu bringen, entschloss man sicher daher kurzerhand, sie in das riesige offene *adyton* des Tempels umzusiedeln und dieses zu befestigen, indem man die offene Ostfront des Tempels mit einer Mauer verschloss. Ein Tor sorgte dafür, dass der Orakelbetrieb im kleinen *naiskos* an der hinteren Tempelmauer ungestört weitergehen konnte. Zeitgleich wurde eine kleine Treppe errichtet, die die rituelle Türschwelle zwischen dem Zwölf- und dem dahinterliegenden Zweisäulensaal für die neuen Bewohner begehbar machte. Wie viele Menschen innerhalb des von Bäumen beschatteten *adytons* wirklich Platz fanden und in was für Behausungen sie dort unterkamen, kann nicht rekonstruiert werden. Dennoch scheint es für einige von ihnen sogar zu einer Art Heimat geworden zu sein, denn als die Goten Ende der 260er Jahre n. Chr. endgültig zurückgeschlagen worden waren, blieben sie dort einfach wohnen. Für den Orakelbetrieb war diese Ansammlung vermutlich eher ärmlicher Hütten in unmittelbarer Nähe zum Allerheiligsten mit der heiligen Quelle natürlich nicht förderlich. Und auch wenn die Branchiden immer wieder versuchten, dem Heiligtum zu alter Größe zu verhelfen, es erreichte nie wieder dieselbe Beliebtheit wie vor der Zeit der Gotenbedrohung. Zuletzt versuchte man mit Gewalt die Menschen aus dem Tempel zu vertreiben – es kam zu einem Aufstand bei dem vermutlich einige Teile des Tempels in Brand gesetzt wurden und mehrere Menschen zu Tode kamen. Was genau geschah, ist schwer zu rekonstruieren. Wieder einmal sind es allein die christlichen Autoren Lactantius und Eusebius, die uns über die Vorgänge ausführlicher berichten – wie immer in einer sehr prochristlichen Auslegungsweise. Ihnen zufolge soll Kaiser Diokletian im Jahre 303 n. Chr. den didymäischen Apollon gefragt haben, wie er mit den Christen verfahren solle. „Apollon soll aus einer dunklen Höhle und durch einen menschlichen Mund erklärt haben, dass die Gerechten auf der Erde ein Hindernis für ihn wären, die Wahrheit zu sprechen" (Eusebius, Vita Const. 2,50). Ein Priester aus dem Gefolge des Kaisers aber identifizierte die „Gerechten" als Christen, woraufhin Diokletian die Verfolgung und Tötung dieser anordnete. Im Zuge dieser Verfolgung wurden schließlich auch die Christen aus dem Tempel des Gottes selbst vertrieben. Doch wie immer bei Eusebius erhielten die Heiden auch diesmal ihre gerechte Strafe. Als unter Konstantin das Christentum einige Jahrzehnte später zur Staatsreligion wurde, spürte man den verantwortlichen Priester in Milet auf und folterte ihn, bis er endlich zugab, dass das Orakelwesen von Didyma reine Scharlatanerie gewesen sei.

Archäologie und Epigraphik revidieren jedoch auch in Didyma das Bild von einem schnellen Niedergang der Orakel angesichts einer christlichen Übermacht. Zwar wurden in unmittelbarer Nähe zum *adyton* seit dem 4. Jh. n. Chr. mehrere Märtyrerkapellen errichtet, doch ging der Orakelbetrieb weiter und auch das Innere des *adytons* war wieder besiedelt. 362 n. Chr. ordnete Kaiser Julian auch in Didyma größere Renovierungsarbeiten an. Das Los hatte ihn zum Priester des Apollon ernannt. Ein ihm geweihter Meilenstein am 4. Kilometer der heiligen Straße erinnert an dieses Ereignis. Zudem befahl er dem Gouverneur von Karien, die christlichen Kapellen in der Nähe des Tempels niederzureißen, was dieser vermutlich aber nie ganz ausführte – zu schnell war die Herrschaft des letzten paganen Herrschers wieder beendet. Nach dessen Tod 363 n. Chr. blieb Didyma sich selbst überlassen. Die Anfragen wurden immer seltener, bis das Heiligtum schließlich ganz aufgegeben wurde. Wann genau ist nicht bekannt. Im späten 5. oder frühen 6. Jh. n. Chr. wurde jedoch eine Basilika über den Resten des *naiskos* und der heiligen Quelle errichtet, die dort bis ins 15. Jh. in Funktion war. 1493 zerstörte ein Erdbeben alle Bauwerke, die zu dieser Zeit in Didyma existierten – egal ob christlich oder paganer Herkunft.

Über das Schicksal der meisten anderen Orakelstätten in der Spätantike sind wir weit weniger detailliert unterrichtet. Das Orakel von Klaros scheint in der Kaiserzeit für seine weltoffenen und religionsübergreifenden Antworten bekannt gewesen zu sein. In einer vielzitierten Inschrift gibt der klarische Apollon eine Antwort auf die Frage „Bist du Gott oder ist es jemand anderes?“ etwa wie folgt: „Aus sich selbst geboren, ungebildet, mutterlos, unerschütterlich / zu groß für einen Namen aber bekannt unter vielen, im Feuer lebend, das ist Gott; aber wir Boten (Engel) sind ein kleiner Teil von Gott“. Die Christen übernahmen Antworten wie diese und interpretierten sie in ihrem Sinne, wobei sie in der Regel die Stelle mit den „vielen Namen“ wegließen. Damit waren sie dem klarischen Apollon weitaus freundlich gesinnt als den übrigen Orakelstätten. Dennoch wissen wir nicht, wie lange das Heiligtum von Klaros noch in Betrieb war. Die letzten Umbauten stammen aus frührömischer Zeit, die letzten überlieferten Orakelsprüche vermutlich aus dem 3. Jh. n. Chr. Der etwas abgelegene Ort scheint nach Schließung des Heiligtums schlicht und einfach vergessen worden zu sein.

Lag eine Orakelstätte jedoch nahe oder sogar in einer Siedlung, wie etwa das Trophoniosorakel von Lebadeia, konnte man es nicht einfach so ignorieren, auch wenn der Kult selbst schon lange verboten worden war. Dazu war der alte Kult viel zu präsent und die Orakel als Weissagungsort für die Zukunft eines Individuums waren viel zu verlockend. Daher wurde wenn möglich das Wahrzeichen bzw. das zentrale Kultelement eines Orakels demonstrativ zerstört. In Dodona etwa wurde die heilige Eiche, die den Willen des Zeus verkündete, 391/92 n. Chr. durch christliche Eiferer gefällt und das Orakel damit gewaltsam zum Schweigen gebracht. Wie schon in Delphi und in Didyma wurde der Sieg des Christentums durch den Bau einer Kirche unmittelbar über oder neben der Orakelstätte besiegelt. Rund 150 Jahre später errichtete man daher auch in Dodona auf den Ruinen des Heraklestempels eine Basilika. Auch im heiligen Bezirk des Trophonios von Lebadeia wurde eine Kirche errichtet, in diesem Fall für den heiligen Christopherus. Dasselbe gilt für die Orakelstätten von Seleukia, Praeneste, Spoleto oder Daphnis – um nur einige zu nennen. Dabei fällt auf, dass besonders wundertätige Quellen häufig in den Bau der christlichen Kirche integriert wurden und dort unter dem neuen Schirmherren weiter Wunder wirkten. So wurde nicht nur die Kastaliaquelle von Delphi in die dort errichtete Basilika integriert. Auch heute noch sagt man der Quelle in der Felsengrotte unter der St. Michaels Basilika auf dem Monte Gargano heilende Fähigkeiten nach. Doch noch in der römischen Kaiserzeit schliefen in ihrer Nähe die Klienten des Inkubationsheiligtums des griechischen Heros Kalchas. Im griechischen Patras beschrieb Pausanias in einem Wäldchen nahe der Stadt eine heilige Quelle der Göttin Demeter: „… hier befindet sich ein untrügliches Orakel nur für Kranke. Sie binden einen Spiegel an einen dünnen Faden und lassen ihn hinab, wobei sie es so ausmessen, dass sie mit dem Rand des Spiegels das Wasser berühren. Danach beten sie zur Göttin und räuchern und sehen in den Spiegel; der zeigt ihnen den Kranken noch lebend oder bereits tot“ (Paus. 7,21,11). Auch heute kann man zur Quelle hinabsteigen. Die Kultbilder der Demeter und der Kore, die Pausanias dort ebenfalls beschreibt, wurden jedoch durch das des heiligen Andreas ersetzt, der an dieser Stelle gekreuzigt worden sein soll und dessen prunkvolle klassizistische Kirche im 19. Jh. direkt neben der Quellkapelle erbaut wurde.

# Pagane Riten in neuem Gewand?

## Christliche Orakel in der Spätantike

Natürlich waren die antiken Orakel nicht plötzlich verschwunden. Zum einen gehört die Inanspruchnahme göttlichen Beistandes – egal um welchen Gott es sich dabei handelte – zur Grundidee einer jeden Religion. Zum anderen handelte es sich um eine uralte Tradition, die man nicht so einfach von heute auf morgen beenden konnte – und wollte.

„Wenn du einen Feind nicht besiegen kannst, dann mache ihn dir zum Freund“, besagt eine alte Volksweisheit und genau das taten die christlichen Intellektuellen und Institutionen mit den Weissagungsstätten der paganen Welt. Die allmähliche Umformung der paganen sibyllinischen Weissagungen in christliche Prophezeiungen wurde bereits in einem früheren Kapitel behandelt. Auf ähnliche Weise entstanden in den ersten nachchristlichen Jahrhunderten aber noch viele andere Orakelsammlungen, so etwa durch Timotheos, Didymus den Blinden oder Johannes Malalas, der vermutlich unter Justinian in Konstantinopel lebte. Die meisten dieser Orakel betrafen die Prophezeiung christlicher Doktrinen durch pagane Weissagungsstätten. Häufig waren es berühmte Persönlichkeiten der mythologischen und historischen Vergangenheit, die diese Orakel empfingen. So berichtet Malalas (4,12), dass schon die Argonauten auf ihrer Reise das Apollonorakel von Kyzikos in Mysien befragten, welchem Gott sie ein Heiligtum errichten sollten, damit ihre Mission erfolgreich wäre. „Tut alles, was zu Tugend und Ehre führt. Ich aber verkünde allein den dreieinigen hochherrschenden Gott, dessen unvergängliches Wort durch ein unschuldiges Mädchen empfangen werden wird“, antwortete die dort ansässige Priesterin und die Argonauten zogen verwirrt von dannen. Zu den berühmtesten Orakelsammlungen der Spätantike, die uns heute noch zumindest fragmentarisch vorliegen, gehören neben den sibyllinischen Weissagungen die so genannten chaldäischen Orakel und die Tübinger Theosophie.

### Chaldäische Orakel und Tübinger Theosophie

Neben den Werken einzelner Autoren war es in der Spätantike üblich, ganz unterschiedliche Werke der antiken Literatur in kompakten Sammlungen zusammenzufassen. Fast alle diese Kompendien enthielten auch die Aufzeichnungen antiker Weissagungstexte. So rühmte sich etwa im 10. Jh. n. Chr. der Patriarch Photius, eine riesige Sammlung von 15 Büchern in fünf Ausgaben einer Abschrift aus dem 7. Jh. n. Chr. gelesen zu haben, die unter anderem Zitate und ganze Bücher von Autoren aus Griechenland, Persien, Thrakien, Ägypten, Babylonien, Chaldäa und Rom enthielt und sich vor allem mit der Vorhersage des Christentums befasste (Bibliotheca 170).

Eine ähnliche Textsammlung aus dem 6. Jh. n. Chr. ist heute unter dem Namen „Tübinger Theosophie“ bekannt. Dabei handelt es sich um eine Zusammenfassung des um 500 n. Chr. entstandenen und heute verschollenen Werkes *Über den wahren Glauben (orthe doxa)*, das das Mittelalter überlebte und sich im 16. Jh. im Besitz des deutschen Humanisten Johann Reuchlin (1455–1522) befand. Nach dessen Tod wurde es nach Straßburg gebracht, wo es jedoch um 1870 im Zuge der französisch-preußischen Kriege zerstört wurde. Bereits um 1580 hatte der Altphilologe und Tübinger Universitätsprofessor Martin Crusius jedoch eine Kopie in Auftrag gegeben, die sich seitdem in der Tübinger Universitätsbibliothek befindet. Leider ist diese Kopie nicht vollständig, sondern lediglich eine Zusammenfassung des ersten Teils der insgesamt elf Bücher. Dennoch ist sie für die heutige Forschung eine der wichtigsten Quellen für das Religionsverständnis der Spätantike. So erklärt der Autor der Abschrift selbst im Vorwort, dass das Original der *Theosophia* zunächst sieben Bücher über den „wahren Glauben“ und vier Bücher mit einer Sammlung von Prophezeiungen griechischer Götter und so genannten Theologien griechischer und ägyptischer Sagen enthielt. Im Anhang befand sich zudem eine Sammlung sibyllinischer Weissagungen „ganz im Sinne der Heiligen Schrift und sowohl die Seelenlehre als auch die Heilige Dreieinigkeit unterstützend“. Einen Teil der uns erhaltenen Prophezeiungen kennen wir aus anderen christlichen Quellen, wie Lactantius, Pseudo Justinian oder Eusebius – andere sind neu. Zudem finden sich häufig Zitate des syrischen Neoplatonikers und Bibelkritikers Porphyrius (233–300/05 n. Chr.). Vermutlich ging es dem christlichen Autor der *Theosophie* darum, dessen Werk *Philosopie der Orakel* zu widerlegen bzw. zu beweisen, dass jegliche pagane Weisheit mit dem christlichen Glauben grundlegend konform ging. Dies ließe sich anhand der heiligen, aber auch der paganen Schriften beweisen. So werden auch hier verschiedene „Originaldokumente“ in Form von Orakelantworten des Gottes Apollon aufgeführt, in denen der pagane Gott seine eigene Unzulänglichkeit erkennt und zugibt, dass er den „einzig wahren Gott“ bisher ignoriert hat oder sogar dessen christliche Theologie gleich selbst verbreitet. Im Gegensatz zu den Kampfesreden eines Eusebius oder Lactantius, scheint der unbekannte Autor jedoch vermitteln zu wollen. So schreibt er: „Wir dürften das Zeugnis der griechischen Sagen über Gott nicht ignorieren. Da es für Gott selbst nicht möglich ist vor den Menschen zu erscheinen und mit ihnen zu kommunizieren, beeinflusst er die Ideen guter Menschen, um sie zum Lehrer der Massen zu machen. Wer auch immer also diese Zeugnisse herabsetzt, setzt auch ihn herab, der diese inspiriert hat."

Während die „Tübinger Thesosophie" jedoch lediglich in der Wissenschaft eine gewisse Berühmtheit erlangte, gehören die so genannten chaldäischen Orakel *(lógia Chaldaiká)* noch heute zur Standardliteratur der traditionellen Esoterik und werden immer noch zur Kontemplation oder aber auch in ihrem eigentlichen Sinne als Orakel genutzt. Die Texte sind erstmals im 5. Jh. n. Chr. bezeugt, stammen aber vermutlich aus der ersten Hälfte des 2. Jhs. n. Chr. Bis heute haben sich lediglich 210 authentische und 16 umstrittene Fragmente erhalten, die meisten werden dem spätantiken Neoplatoniker Proklos (412–485 n. Chr.) zugeschrieben. Schon um ihre Entstehung ranken sich mythische Geschichten. Die Bezeichnung „chaldäisch" (oder allgemeiner „aus dem Orient") könnte sich darauf beziehen, dass eine bestimmte Person aus Chaldäa ihr Verfasser war oder aber dass man die in den Orakeln dargelegten Lehren mit „chaldäischen" (orientalischen) Weisheiten in Verbindung brachte. Allerdings werden Chaldäer in den erhaltenen Fragmenten nicht erwähnt und die überlieferten Lehren zeigen einen griechischen Charakter. Verschiedene Quellen seit dem 3. Jh. n. Chr. schreiben sie Julian dem Theurgen und dessen Vater Julian dem Chaldäer zu. Einige Forscher meinen jedoch, Julian wäre eine Erfindung späterer christlicher Autoren und die Texte seien römischer bzw. ägyptischer Herkunft. Zumindest in der Spätantike unumstritten ist, dass sie magische Fähigkeiten besaßen. So überliefert ein byzantinisches Lexikon, dass Julian der Theurg „einmal, als die Römer am Verdursten waren, dunkle Gewitterwolken herbeigeschworen und schweren Regen mit aufeinanderfolgenden Donnerschlägen und Blitzen erzeugt haben soll. Es heißt, Julian habe dies durch ein gewisses Wissen vollbracht" (Suda 1,434).

„Wahrlich, eines gibt es, bei dem alles Verstehen endet, eines, das du nur erfassen kannst, wenn dein Geist zur Blüte wird", beginnt die Übersetzung des viktorianischen Theosophen George S. Mead. Die einzelnen Orakel galten als authentische Antworten verschiedener Götter, besonders aber Hekate. Die Fragen selbst sind nicht erhalten. Dennoch sind die chaldäischen Orakel nicht mit anderen paganen Orakeln gleichzusetzten – im Gegenteil, sie distanzieren sich ganz bewusst von herkömmlichen Weissagungsmethoden, wie Astrologie oder Omenschau – und das obwohl gerade die Chaldäer in römischer Zeit als besonders berühmte Astrologen galten. Der Text erwähnt jedoch ausdrücklich, dass jede Form der Wahrsagerei überflüssig sei und vom Wesentlichen – der Erlösung der Seele – ablenke.

Was sie bis heute berühmt und zu einer häufig zitierten Sammlung macht, ist ihre alltägliche Anwendbarkeit, denn sie enthalten nicht nur theoretische Abhandlungen über die Kosmologie und Seelenlehre dieser Erlösungsreligion, sondern auch praktische Verhaltensregeln zur Erreichung dieses Zustandes. Das grundlegende Gedankenmodell ihres Inhaltes ist ein neoplatonisches Weltbild. Daraus entwickelte der Verfasser eine Art göttliche Trias, bestehend aus einem „Vater" (Feuer), der „Kraft" *(dynamis)* und dem Intellekt *(nous)*. Der über allem stehende Vater hat sich der Welt jedoch „entzogen" und damit dem Intellekt und der Kraft die Möglichkeit überlassen, eine neue „Mannigfaltigkeit" zu schaffen. Als Mittlerrolle zwischen der göttlichen und der menschlichen Welt fungieren verschiedene Arten von geistigen Wesen, so auch „Engel". Eine wichtige Rolle spielt aber auch „Eros", der als universale, harmonisierende Macht dargestellt wird. Vor diesem Hintergrund wandert die Seele eines jeden Menschen zunächst aus der geistigen in die körperliche Welt. Durch materielle Zwänge an die „unselige Erde" gebunden ist es aber ihr Ziel wieder in die geistige Welt zurückzukehren. Die chaldäischen Orakel geben dafür mehr oder weniger konkrete Anweisungen, wie etwa: „Aber das Auge deiner Seele muss rein sein, abgewandt von allem, auf dass dein Geist rein sei und leer." Folgt man diesen, so versprechen sie, vermag die Seele sich von der Bindung an die Erde zu lösen und ins göttliche Licht zurückzustreben. Maßgeblich für den Erfolg, war die Konzentration des Individuums auf seine Tugenden.

Natürlich fallen einem beim Lesen deutliche Parallelen zwischen der Seelenlehre der chaldäischen Orakel und der christlichen Erlösungstheorie auf – umso mehr, da die uns erhaltenen Fragmente vermutlich durch viele christliche Abschriften verändert wurden. Doch noch in der Spätantike kursierte die Sammlung vor allem in den Kreisen der weitgehend paganen Neoplatoniker. Iamblichos von Chalkis (240/45–320/25 n. Chr.) etwa verfasste einen umfangreichen Kommentar von mindestens 28 Büchern, der leider nicht erhalten ist. Auch Kaiser Julian war ein begeisterter Anhänger. Erst im frühen Mittelalter interessierten sich auch christliche Gelehrte für die Orakel. Michael Psellos, ein byzantinischer Universalgelehrter des 11. Jhs. befasste sich umfassend mit den in den Texten enthaltenen Übereinstimmungen und Unterschieden zwischen dem neoplatonistischen und christlichen Weltbild. Die meisten der uns erhaltenen Fragmente sind durch seine Abhandlungen überliefert. Als Quelle lag ihm vermutlich der Kommentar des Proklos zugrunde. Dasselbe gilt für den so genannten 17. Brief des byzantinischen Gelehrten Michael Italikos aus dem 12. Jh., der ebenfalls eine Reihe von Fragmenten überliefert. Wie aber die griechische Originalfassung der Orakeltexte ausgesehen hat, bevor sie von den christlichen Gelehrten fragmentiert und editiert wurde, können wir wie so häufig nur erahnen.

## Heilige Ärzte und Wunderkuren – Die Übernahme antiker Orakelstätten durch das Christentum

Derselbe fließende Übergang von paganer zu christlicher Kultur, wie man ihn auf intellektueller Ebene beobachten kann, findet sich auch in der kultischen Praxis wieder. Schon 391/92 n. Chr. ließ Kaiser Theodosius alle paganen Heiligtümer offiziell schließen – doch war die christliche Kirche damals noch zu jung, um alle plötzlich offenen Bedürfnisse der Gesellschaft umgehend zu bedienen. Selbst die Androhung drakonischer Strafen und die demonstrative Zerstörung bestimmter symbolträchtiger Kultzentren, wie das Fällen der dodonäischen Eiche, konnten den Zulauf der paganen Orakel daher nicht ganz verhindern. Zudem ließ sich mit der menschlichen Unsicherheit und Sicherheitssehnsucht viel Geld verdienen. Im Laufe der Zeit kam es daher zu immer mehr – friedlichen wie gewaltsamen – „Übernahmen" paganer Kultstätten.

In Ägypten etwa, wo es üblich gewesen war, die Anfragen an den Gott auf kleine Tontäfelchen (Ostraka) zu ritzen, wurde einfach der Name des paganen Gottes durch „Gott von St. Leonitus" oder „Gott und Christus" oder „Gott Pantokrator" ersetzt. Im Archiv eines Heiligtums in Antinoe, das im 5. Jh. n. Chr. dem heiligen Colluthos geweiht war, fanden sich über 70 dieser Orakeltäfelchen. Besonders häufig wurden pagane Inkubationsorakel durch die Kulte christlicher Heiliger übernommen. Es scheint, dass Krankheit nach wie vor ein besonders drängender Grund war, sich an übernatürliche Kräfte zu wenden – zumal die christlichen Ärzte der Spätantike nicht fähiger waren als die paganen früherer Zeiten. Gerade im Osten des Reiches gab es verschiedene Heiligtümer, in denen sich Heilsuchende durch Inkubation plötzlich nicht mehr an einen paganen Heilheros, sondern an einen christlichen Heiligen wandten. Der heilige Demetrios etwa heilte Kranke in Thessaloniki, die Heiligen Kyros und Johannes in ihrem Heiligtum in Menouthis, nicht weit von Alexandria. In Konstantinopel gab es gleich sechs Kirchen der heiligen Zwillinge Kosmas und Damianos. Der Legende nach lebten sie im 3. Jh. n. Chr. in Syrien und waren in ihrer Zeit berühmte Ärzte, denen verschiedene Wunderheilungen gelangen. Die berühmteste und in der bildenden Kunst oft dargestellte war die Transplantation des Beines eines verstorbenen Äthiopiers an die Stelle des ulzerösen Beines eines Weißen. Für ihre Behandlungen nahmen sie kein Geld, was sie in kürzester Zeit bis weit über die Landesgrenzen hinaus berühmt machte. Unter Diokletian wurden sie als Christen denunziert und verhaftet. Durch ihren wahren Glauben überlebten sie jedoch nicht nur die schlimmste Folter, sondern auch die Kreuzigung, die Steinigung und den Pfeilhagel. Schließlich ließ der kilikische Stadthalter sie einfach enthaupten. Ihre Gebeine wurden zunächst im syrischen Cyrrus begraben und später nach Konstantinopel gebracht. In der Nähe des goldenen Horns wurde ihnen in der ersten Hälfte des 5. Jhs. n. Chr. eine Kirche errichtet, in deren Hof und Inneren die Heilsuchenden schlafen konnten, um durch die wundertätigen Zwillinge im Schlaf geheilt zu werden. Zu Ruhm gelangte das Heiligtum, als auch Kaiser Justinian (527–565 n. Chr.) dort inkubierte und gerettet wurde.

Der Ablauf des christlichen Inkubationsrituals unterschied sich dabei nur wenig von dem paganer Inkubationsheiligtümer – wenn auch die christlichen in der Regel weitaus kleiner und weit weniger luxuriös waren. Wie dort kamen die meisten Heilsuchenden aus gesundheitlichen Gründen, es gab aber auch andere Anfragen. Die Inkubanten schliefen vermutlich so nahe wie möglich am Grab des Heiligen – direkt in den Kirchenschiffen oder aber im Hof derselben. Auch in den christlichen Heiligtümern halfen die Priester bei der Vorbereitung und der Durchführung des Rituals, indem sie den Klienten den Ablauf erklärten, ihnen das Lager bereiteten und nach dem Traumerlebnis halfen, die Anweisungen des Heiligen zu verstehen bzw. sie durchzuführen. Die Heiligen selber halfen entweder durch wundertätige Operationen im Traum oder – weit praktischer – durch das Verschreiben von Tränken und anderen Pharmaka, die meistens im Heiligtum selbst erstanden werden konnten. Natürlich gab es auch in den christlichen Kirchen zahlreiche Tafeln mit Wunderberichten, die sich an diesem Ort ereignet haben sollen – als positive Einstimmung und Werbung für die Fähigkeiten des Heiligen. Im Heiligtum Kosmas' und Damianos' wurden die Wunderberichte während des Gottesdienstes laut vorgelesen.

Eines der berühmtesten Beispiele christlicher Inkubationsheiligtümer aus dem Osten des Reiches ist das Heiligtum der heiligen Thekla (Abb. 20). Noch in römischer Kaiserzeit existierte hier ein – mäßig erfolgreiches – Orakelheiligtum des Apollon Sarpedonius, doch auch dieser war nicht der erste Inhaber des Heiligtums. Vermutlich übernahm er den Kultort von dem lokalen Heros Sarpedon. Das Orakel befand sich schriftlichen Quellen zufolge in einer Höhle 8 km südlich der Stadt Seleukia unweit des Kap Sarpedon (heute Incekum Burun) und nahe der Mündung des Flusses Kalykadnos. Bis heute konnte keine der dort durchgeführten archäologischen Feldbegehungen konkrete Funde zutage fördern. Es wird angenommen, dass es sich unter dem Kloster des heiligen Theodoros beim heutigen Tasucu befunden haben könnte. Hier kommt der Felsen direkt bis ans Meer. Am Kap Sarpedon selbst ist der Strand dagegen sandig und flach abfallend. Die schriftlichen Quellen sind glücklicherweise konkreter. Diodor beschreibt, dass der Seleukide Alexander Balbas hier schon im 2. Jh. v. Chr. von Apollon eine Weissagung erhielt (Diod. 32,10,2). Strabon gibt den Kultort als Tempel und Orakel der Artemis Sarpedonia aus und erzählt weiter, dass hier inspirierte Priester die Antworten gaben (Strab. 14,15,19). Tertullian dagegen erwähnt das

*Abb. 20: Grotte der heiligen Thekla in Silifke, Türkei.*

Orakel des Sarpedon als eines der wenigen Traumorakel in dieser Gegend (Tert. de anima 46). Zosimus schließlich schreibt, dass Apollon Sarpedonius bei Seleukia in Kilikien in einfachen homerischen Hexametern antwortete. Er soll die Stadt einst vor einer Heuschreckenplage gerettet haben, indem er Vögel sandte, die in der Nähe des Tempels am Kap Sarpedon lebten. Kaiser Aurelian soll das Orakel 270 n. Chr. vor seiner Expedition gegen Palmyra befragt haben (Zos. 1,57,2–4). Wie immer beginnen christliche Autoren in der Spätantike das Orakel zu verleumden. Die Vita des heiligen Athanasios von Alexandrien lästert, dass die Kultstätte noch in der ersten Hälfte des 4. Jhs. n. Chr. eines der bedeutendsten regionalen Heiligtümer war, zu dessen Feiern viele Pilger kamen. In den Tempel selbst durften nur „Priester, die ihre Magie kannten, Jungfrauen (?) und Magier …". Während einer dieser Kultfeiern soll sich das „ganze Land im Felsentempel des Apollon befunden haben. Die Priester gingen in den Tempel hinein, um das ungerechte Opfer zu bereiten und … während sie sich vor dem Bilde des Apollon niederwarfen … kam plötzlich der Felsen herunter und bedeckte den Tempel und alle Menschen" (Migne PG 95). Wieder einmal hatten die Heiden ihre gerechte Strafe erhalten. Rettung kam in Form einer Märtyrerin – der heiligen Thekla. Der Legende nach war sie aus einem wohlhabenden paganen Haus in Ikonion (heute Konya) und stand kurz vor ihrer Heirat, als sie durch den

Apostel Paulus zum Christentum bekehrt wurde und das Gelübde zur ewigen Jungfräulichkeit ablegte. Gerade als sie dem Apostel nach Antiochia folgen wollte, wurde sie aber von ihrer eigenen Familie und ihrem Bräutigam als Christin denunziert und gefangen genommen. Kurz vor ihrer Hinrichtung im Zirkus wurde sie jedoch durch ein Wunder sowohl vor den Tieren als auch vor dem Flammentod gerettet. Sie folgte Paulus auf seinen Reisen und in Männerkleidung bis zu dessen Tod und zog sich danach als Eremitin in eine Höhle bei Seleukia zurück. Aus einer anonymen Vita der heiligen Thekla geht hervor, dass sie sich von ihren Feinden verfolgt unter die Erde zurückzog und schließlich von dieser aufgenommen wurde. Diese Beschreibung erinnert stark an die Gründungsmythen verschiedener Heroenheiligtümer, wie etwa dem Amphiaraion von Oropos, dessen Gründer an der Stelle der dortigen Quelle mit einem Streitwagen in der Erde verschwunden sein soll. Oder aber des Heros Trophonios von Lebadeia, der sich ebenfalls in einer Höhle nahe der Stadt versteckt haben und nie wieder lebend gesehen worden sein soll. Um 548 n. Chr. berichtet die Vita des heiligen Gregorios von Nazianz, dass der Kult der heiligen Thekla das Heiligtum des Apollon Sarpedonios ablöste. Auch laut einer wenig später entstandenen anonymen Vita der Heiligen selbst soll Thekla den Heros Sarpedos aus seinem Heiligtum, das später von Mönchen besetzt wurde, vertrieben haben. In Wunder Nr. 11 wandte sich eine Frau zunächst an das Orakel des Sarpedon, um ihrem kranken Enkel zu helfen. Dieser konnte ihr jedoch nicht helfen und schickte die Frau weg. Zuhause erschien endlich die heilige Thekla, die ihr ein Mittel gab, mit dem der Enkel geheilt wurde.

Schon zu Lebzeiten soll Thekla solche Heilungswunder vollbracht haben. Nach ihrem Tode wurden es noch viel mehr. Im 4. Jh. n. Chr. war ihr Heiligtum bereits eines der bekanntesten Pilgerzentren im Osten des Reiches. Die im 5. Jh. n. Chr. verfasste Vita der Heiligen verzeichnet zahlreiche Beispiele ihrer Wundertaten. Die meisten sind nicht ganz so dramatisch wie die Iamata des Asklepios von Epidauros. Häufiger beinhalten sie klare Heilungsanweisungen für den Inkubanten. In Wunder Nr. 18 weist Thekla einen Mann im Traum dazu an, den Staub hinter der Kanzel der Kirche zu sich zu nehmen. Einem anderen befiehlt sie sich mit dem Öl einzureiben, das über ihrem Grab in dem Bema der Kirche in einem Gefäß hing (Nr. 7). Ausgrabungen, die seit den 1920er Jahren durchgeführt wurden, brachten vor allem zwei Kirchen aus dem 5. Jh. n. Chr. zutage, die so genannte Theklabasilika mit einer Größe von 81 m × 43 m und eine kleinere Kuppelkirche. Interessanter ist jedoch die darunterliegende Basilika aus dem 4. Jh. n. Chr. die zu großen Teilen in den Felsen gegraben wurde und eine natürliche Höhle miteinschließt. Teile der hier verwendeten Säulen sind dorischer Ordnung und eindeutig vorchristlichen Ursprungs. Als die späteren Kirchen darüber errichtet wurden, wurde diese Höhlenkirche als Krypta weitergenutzt. Zum Komplex gehörten – wie wir es auch von den Kultstätten paganer Heilheroen kennen – eine heilige Quelle, deren Wasser zu Heilzwecken genutzt wurde, und ein Bäderkomplex, auch dieser Teil der von der Heiligen angeordneten Therapien. Auch wenn es also unwahrscheinlich ist, dass das Heiligtum der heiligen Thekla direkt über dem des Apollon Sarpedon errichtet wurde und dessen Kultpraxis einfach übernahm, so kopierte der Kult doch die althergebrachten Rituale und Kultelemente der antiken Asklepieia, wie das Schlafen in der Nähe des Heros/Heiligen, die Bedeutung des Wassers für Kult und Kur und die Delegation der Inkubation durch die Priester des Heiligtums. Denn warum sollte, was in der paganen Antike stets erfolgreich gewesen war, nicht auch unter christlicher Leitung funktionieren?

# Epilog

„Das Leben der Menschen wird von diesen zwei Tyrannen beherrscht: Hoffnung und Furcht. Und wer diese beiden recht zu nützen versteht, kann gar leicht zu Reichtum gelangen. Denn man sieht, dass für beide, sowohl für den der Furcht wie den der Hoffnung hegt, das Vorherwissen eine höchst notwendige und ersehnte Sache ist und dass auf diese Weise vor Zeiten Delphi reich und berühmt geworden ist, ebenso wie Delos und Klaros und Didyma, da die Menschen zu allen Zeiten zu den heiligen Orten gepilgert sind, um ihren Wunsch, die Zukunft zu wissen, erfüllt zu sehen; und um dieses Zieles Willen opferten sie Hekatomben und stifteten goldene Ziegel als Weihgeschenk" (Lukian, Alexander, Kap. 8).

Über 1000 Jahre hatten die antiken Orakel das Schicksal des Einzelnen und das ganzer Stadtstaaten beeinflusst. Und auch wenn Lukian mit dieser Bemerkung die Leichtgläubigkeit der Menschen schon im 2. Jh. n. Chr. an den Pranger stellte, ihr Erfolg blieb bis weit in die Spätantike ungebrochen. Und schließlich ist der Wunsch, sich die eigene Entscheidung durch ein höheres Wesen abnehmen oder erleichtern zu lassen, beileibe kein Phänomen der Vergangenheit, denn auch in der heutigen Zeit der Aufklärung und Technik überlässt der Mensch diese Antwort immer noch lieber einer wie auch immer beschaffenen höheren Instanz als seiner eigenen Ratio. Der allmorgendliche Griff zum Tageshoroskop der Zeitung scheint fast obligatorisch, nicht umsonst preisen Astrologen und Kartenleser ihre Dienste auf den Verkaufskanälen der Privatsender an, kein Star oder Sternchen kommt heute mehr ohne einen persönlichen Ratgeber aus – ob es sich dabei um einen Astrologen, einen Kabalagelehrten oder eine weiße Hexe handelt, ist auch hier eine Frage der Mode. Und schließlich haben auch die guten alten christlichen Pilgerzentren, wie Lourdes oder Fatima, Hochkonjunktur zu verzeichnen. Bezüglich seiner Entscheidungsschwäche scheint sich der moderne Mensch demnach kaum von dem antiken zu unterscheiden.

# Bibliographie


Oneiromantik, Omina und Opferschau

Orakel im Vorderen Orient, in Palästina und in Ägypten

- F. H. Cryer, Divination in Ancient Israel and it's Near Eastern Enviroment (Sheffield 1994).
- W. Farber, Witchcraft, Magic and Divination in Ancient Mesopotamia, in: J. Sasson (Hrsg.), Civilizations of Ancient Near East III (London 1995), 1895–1909.
- V. Haas, Hethitische Orakel, Vorzeichen und Abwehrstrategien: Ein Beitrag zur hethitischen Kulturgeschichte (Berlin 2008).
- A. von Lieven, Divination in Ägypten, Archiv für Orientforschung 26, 1999, 77–126.


## Griechische Orakel


Der Ruf des Phoebus

Das Orakel von Delphi und die Weissagungen der Pythia

- J. de Boer, J. R. Hale, J. Chanton, New Evidence for the Geological Origins of the Ancient Delphic Oracle (Greece), Geology 29, 2001, 707–710.
- M. Maaß, Delphi. Orakel am Nabel der Welt (Sigmaringen 1996).
- M. Maaß, Das antike Delphi (München 2007).
- L. Maurizio, Anthropology and Spirit Possession. A Reconsideration of the Pythia's Role at Delphi, Journal of Hellenistic Studies 115, 1995, 69–86.
- V. Rosenberger, Griechische Orakel (Darmstadt 2001).

Heilige Wasser

Die prophetischen Apollonorakel von Ptoion, Didyma und Klaros

- F. Graf, Apollo (London 2008).
- M. Langenstroer, Das Orakelheiligtum des Apollon in Klaros, in: O. Brehm (Hrsg.), Mousikos anaer, Festschrift für Max Wegener (Bonn 1992) 243–258.
- R. Stoneman, The Ancient Oracles. Making the Gods speak (London 2011).
- K. Tuchelt, Branchidai-Didyma: Geschichte und Ausgrabungen eines antiken Heiligtums (Mainz 1992).

Der Baum der Weisheit
Das Zeusorakel von Dodona
- M. Dieterle, Dodona. Religionsgeschichtliche und historische Untersuchungen zur Entstehung und Entwicklung des Zeus-Heiligtums (Hildesheim 2007).
- J. Mylonopoulos, Das Zeusheiligtum in Dodona: Zwischen Orakel und venatio, in: Archäologie und Ritual. Auf der Suche nach der rituellen Handlung in den antiken Kulturen Ägyptens und Griechenlands (Wien 2006) 185–214.
- H. W. Parke, The Oracles of Zeus: Dodona, Olympia, Ammon (Oxford 1967).

Dem Tod ins Auge sehen
Totenorakel und Plutonia in Griechenland und Kleinasien
- D. Ogden, Greek and Roman Necromancy (Princeton 2004).

Im Schlaf geheilt
Die Traumorakel des Asklepios und des Amphiaraios von Oropos
- W. Hornbostel, Sarapis (Leiden 1973).
- A. Krug, Heilkunst und Heilkult. Medizin in der Antike (München 1993).
- J. Riethmüller, Asklepios: Heiligtümer und Kult (Heidelberg 2005).

Alltagstauglich
Von Losen, Würfel- und Buchstabenorakeln
- J. Nollé, Kleinasiatische Losorakel (München 2007).

**Römische Orakel**

Etrusca disciplina
Etruskische Haruspices und römische Auguren
- J. Champeaux, Fortuna. Recherches sur le culte de la Fortuna à Rome et dans le monde romain des origines à la mort de César (Rom 1982).
- J. North, Diviners and Divination at Rome, in: M. Beard, J. North (Hrsg.), Pagan Priests. Religion and Power in the Ancient World (Oxford 1990) 49–73.
- F. Prayon, Die Etrusker. Jenseitsvorstellung und Ahnenkult (Mainz 2006).
- V. Rosenberger, Gezähmte Götter. Das Prodegienwesen der römischen Republik (Stuttgart 1998).

„Das Wissen von den Zukünftigen Ereignissen“
Ciceros *de divinatione*
- V. Rosenberger, Gezähmte Götter. Das Prodegienwesen der römischen Republik (Stuttgart 1998).

Von Fälschern und falschen Propheten
Lukian und das Glykonorakel von Abonuteichos
- A. Chaniotis, Wie (er)findet man Rituale für einen neuen Kult, Forum für Ritualdynamik 9, 2004, 1–17.
- Ch. Marek, Pontus et Bithynien (Mainz 2003).

Vom Wahnsinn getrieben
Sibyllinische Orakel in der Antike und im frühen Christentum
- H. W. Parke, Sibyls and Sibylline Prophecy in Classical Antiquity (Oxford 1988).

Das Ende der Weisheit?
Der Untergang der Orakel in der christlichen Spätantike
- P. Athanassiadi, The Fate of Oracles in Late Antiquity, Revue des études grecques 108, 1995, 7–23.

Pagane Riten in neuem Gewand?
Christliche Orakel in der Spätantike
- H. Seng, M. Tardieu (Hrsg.), Die Chaldäischen Orakel: Kontext – Interpretation – Rezeption (Heidelberg 2010).
- P. F. Beatrice, Pagan Wisdom and Christian Theology according to the Tübingen Theosophy, Journal of Early Christian Studies 3, 1995, 203–218.
- H. von Ehrenheim, Greek Incubation Rituals in Classical and Hellenistic Times (Stockholm 2011).

# Abbildungsnachweis

Abb. 1 British Museum, London, Western Asia Collection, ME 92668.
Abb. 2 K. Kuhlmann, DAI Kairo.
Abb. 3, 6, 7, 9, 18, 19 Fotos W. Friese.
Abb. 4 Zeichnung von K. Bockhorn. Plan nach Maas 1993, Taf. 2.
Abb. 5 Umzeichnung von K. Bockhorn.
Abb. 8 Foto L. Ziemer.
Abb. 10 Museum Wales, NWM A 80.
Abb. 11 DAI Athen.
Abb. 12 Badisches Landesmuseum Karlsruhe. Inv. Nr. F1997.
Abb. 13 Staatliche Museen zu Berlin, Antikensammlung, Inv. Nr. 8612.
Abb. 14 Umzeichnung von W. Friese.
Abb. 15 Umzeichnung von eon images.
Abb. 16 Museum 157, Ostia, Inv. Nr. 20120507.
Abb. 17 Museum Constanza, Tomis, Rumänien.
Abb. 20 Foto Aura Tour.